レンタルなんもしない人のなんもしなかった話

レンタルなんもしない人 著

JN134234

晶文社

挿　画：仲村直
デザイン：佐藤亜沙美

目次

8 12月：自分以外の生物がいる状態の自分を確認したい 173

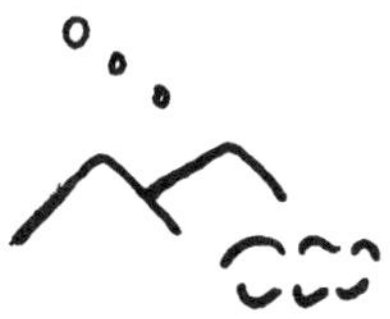

レンタルなんもしない人のなんもしなかった話

1 最初の一週間の話

【6月3日】 #サービス始めました

【利用規約】（以下暫時追加）
「レンタルなんもしない人」というサービスを始めます。一人で入りにくい店、ゲームの人数あわせ、花見の場所とりなど、ただ一人分の人間の存在だけが必要なシーンでご利用ください。
国分寺駅からの交通費と飲食代だけ（かかれば）もらいます。
ごく簡単なうけこたえ以外なんもできかねます。　㋹

二万人に一人くらいは必要としている人がいるかもしれないので、サービスを始めてみます。

【6月4日】 #風船とラーメン

行列に並ぶのが得意なので、一時間待ちの行列だと、一五分くらいしかたってない感じで並び終えることができる。とはいえ、なんもしないのって意外と難しくて、ドトールとか行ってもつい周りに流されてなんかしちゃう……。

「レンタルなんもしない人」
初日利用者数 〇人
累計利用者数 〇人

吉祥寺のメンチカツ買うために行列に並ぶ仕事、小ざさの羊羹《ようかん》買うために朝五時から並ぶ仕事とか、すでにありそうだけどないのかな。必要ならやります。

――おぉ、「レンタルなんもしない人」初日の無反応っぷりがウソのように広まっている。

Q 「経費だけで報酬は書いてませんが、それで良いの?」

A とりあえずやってみてまた考えますが、今は報酬なしで大丈夫です。なんもしてないのに喜ばれるだけで十分です。依頼内容について、あんまりよく考えてないですが、そんなに手間どらないものならとりあえずＯＫです。

Ｑ　「ディズニーランドのアトラクションに並んでもらえるの？」

Ａ　ディズニーランドの決まりに反してなければＯＫです。ただディズニーランドは家からそんなに近くないので、めちゃ早くから並ぶとかはできないと思います（前乗り宿泊費を出してくれるなら話は別ですが）。

Ｑ　「年齢はいくつですか？」

Ａ　いまは三四歳ですがそれよりは幼い人間に見えると思います。妻子持ちなので命は落とせません。

Ｑ　「ゲームの人数合わせに来てもらうとして、圧勝しない＆足手まといにならないくらいの操作をしてもらうような感じですか？　それともボタンの連打くらいはお願いできますか？」

Ａ　ゲームによりますが、まったく期待に添わない、人数合わせ以上のものではないやつを想定してもらえればと思います。ボタン連打とかはしないつもりで、いちおう楽しもうとはします。

Ｑ　「浮気のアリバイ作りに協力してもらいたいのですが、写真撮影は可能でしょうか？」

Ａ　写真は大丈夫ですが、服装を工夫したり、なんらかの工作をしたりというのはできかねます。あと誰かに聞かれたら全部話してしまう可能性ありです。

Q　「何時から動けるんですか？」

A　基本その日起きれた時間からですね。とくに希望があった場合は始発に乗ります。が、細かいことはあんまり考えてないです。

Q　「妻子持ちなのにレンタルでいろんな方のお手伝いしたいのはなぜ？　失業中なのですか？」

A　やってみたいことを思い付きでやってみてる感じです！　失業中にしか見えないと思いますが、いちおう仕事はあります、たまに。

Q　「この書きぶりだと食事代除けばタダ働きですけど、時給とか分給とかとらないんですか？」

A　とりあえず不要としています。交通費と食事代をくれるだけで結構なもんだと思ってます。

Q　「レンタルなんもしない人さん、拘束時間は考慮しなくていいのか？」

A　拘束時間もふくめぜんぶその日のその時次第ですね。ヒマならいくらでもいますし、帰ってほしければすぐ帰ります。

Q　「カード占いの練習相手もお願いできますか？」

A　いいと思います。カード占いって、こちらはなんもしなくていいのですごく良い

です ね。

Q 「ファミレスで勉強するのに付き合ってほしいです……。学生がテスト前によくしている、ドリンクバー注文して勉強するやつ！」

A ファミレス、ドリンクバー、勉強、どれもまあ好きなので喜んで対応します。

Q 「ゆるキャラと写真撮りたいのでカメラマンとしてきてくれますか？」

A ちゃんとしたカメラは扱えませんが、iPhone のカメラなら普段使ってるのでなんとか〝並〟くらいの写真が撮れると思います。あ、できればなんもしたくありません。

Q 「運転免許はお持ちですか？　都内近郊でレンタカーを駐車するのが大変そうなとき、用事が終わるまで一人で運転して待っていただくのは？」

A 免許はありますがペーパードライバーなので運転はできかねます。車の運転だけは絶対にやりません。

Q 「映画を見て、一言感想をもらうのは可能ですか？」

A 映画ぜんぜん詳しくないので、そのへんの小学生以上の感想を期待しないでもらえるなら可能です。

Q 「これはマネして大丈夫なやつですか？『やるのは好きにしたらいいけどあくまで本家と無関係の個人的な活動としてならＯＫ（関与しない）』って感じですか？」

A　そんな感じです。真似してももちろん全然いいけど、サービスとかビジネスとか思ってやっても一銭も稼げないはずなので、稼げなくても怒らないでください。

最初の依頼でかわいい風船をもらった。これ持って帰宅ラッシュの電車に乗ってわりと嫌がられて面白かった。依頼内容は「風船をもって」という依頼でした。「なんて呼んだらいいですか?」「なんでしょうね……」という流れ、わりと好きでやりたかったので、今日できてよかった。今日は「レンタルさん」と呼んでもらった。

風船を持たされ、写真を撮られたうえ、インスタの宣伝を頼まれました。国分寺から西国分寺まで風船もちながら歩くの楽しかったです。

二人目の方には、かなりおいしいラーメンを食わされました。自殺を減らす活動に興味があるそうで、自殺の話をしたりしました。自宅にいる率がプロ並に高いらしく、しかしめちゃくちゃ散らかってるそうなので、タダでも掃除したい人いたら掃除しに行ってあげてください。

――ちなみにtwitterアカウントを公表しての感想は「いいよ」って言われないかぎりアップしませんのでご安心ください。

「レンタルなんもしない人」二日目の利用者数二人

【6月5日】#パチンコ屋

今日はパチンコ屋に並ばされただけだった。はじめてのことはなんでも面白いし、蒲田もはじめてで散歩できてよかった。でもパチンコ屋に並ぶだけの人は「引き子」といって、よくないことだと知り、二度とやるまいと誓った。

――ちなみに「引き子」という知識はフォロワーの人が教えてくれました。僕は社会常識や物の道理がぜんぜんわかってないほうなので、知っておいたらよさそうな知識があればどんどん提供してください。ほうっておくと僕は内臓を減らしていきかねない……。

依頼をこなすにつれ、引き受けるものの種類がどんどん変わっていくことはご了承ください。たとえば「一人で列に並ぶ」系は、すでにお腹いっぱいになってきてるので断っていくつもりです。面白そうな利用方法もどんどん来てるので、そっちを優先したいと思ってます。あと、遅刻したらまずいものも断ってしまう可能性高めです。いちおうなるべく遅刻しないようにはしてますけど「遅刻しちゃいけない恐怖」からは永遠に距離を置きたく思ってます。

断るときはこんなふうにかなり失礼な断り方をしますが、全員にそうなので気にせず気軽にお声がけください。未成年からの依頼は保護者同伴の場合を除いて厳密にNGとします。法的にあぶなそうなので。

Q「バイクで迎えにいくのはOKですか？　無理なら遠慮なく断ってください」

A　車、バイク、自転車など、道路を走る車両に乗るのは絶対に嫌です。電車やバスやモノレールや飛行機ならOKです。

Q「どのくらい先までの予定を依頼できるのですか」

A　二～三か月先の日程で依頼がくることもありますが、そのときに今やってることをまだやりたいと思ってるかどうかわからないので「また日が迫ってきたら言って」という対応をしています。だいたい二週間先までなら約束できると思います。

Q「普段は何をされているんですか？」

A　ふだんは普通になんかしてます。今日の夜は予定なかったので、奥さんと息子と家で鍋を囲みました。

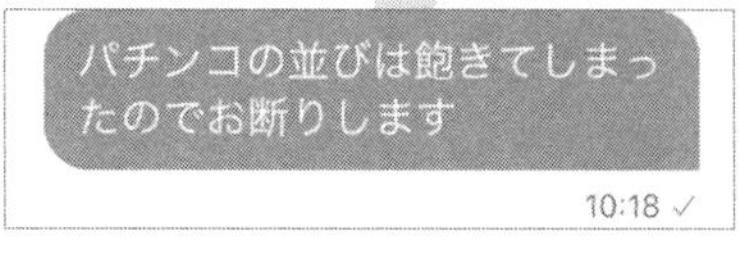
パチンコの並びは飽きてしまったのでお断りします
10:18 ✓

「レンタルなんもしない人」
三日目の利用者数　一人
累計利用者数　三人

Q「なんにもしない人にお願いすることではないのですが、大人気の豆大福を平日に買ってきてもらうっていうのはありですか?」
A　おつかいは僕の中では十分なんかしてることになり、お断りしてます。
Q「作った音楽を聴いてもらって感想を聞くことはできますか??」
A　なんかを観たり聴いたりしてその感想を聞きたい系は、感想のレベルへの期待を極限まで落としてもらえるなら可能です。

【6月6日】　#なにもさん

今日は朝から和菓子屋の列に並んでいる。昨日のパチンコ屋の列とはぜんぜんちがった、ほっこりとした客層で、並んでるだけでほっこりしてくる。パチンコ屋に並ぶのは心をすさませるだけだが、和菓子屋に並ぶのはおすすめです。まあどんなにほっこりしようと、代わりに並ぶのは社会的なフェアプレーから逸れてそうなので今後はやらないつもりです。

いろいろ依頼がきて引き受けたり断ったりするにつれ、積極的に受けるものの傾向が少し見えてきた。たとえば「こういうことがありました」ってツイッターに書きたくなるもの。そういうのはなんとしてでも受けようとしてる。アカウントは伏せたりできるので、ツイッターに書いていいものお待ちしてます。

いや、でも、一見地味だがめちゃくちゃ面白かったみたいな可能性もあるので、ヒマなら地味なのもやっていきたいかもしれません。気にせず、とりあえずなんでもお声がけください。

Ⓛ

――今週頭に始めたときには想像してなかった量の依頼がきている。

Ⓛ

電車乗り過ごして三〇分くらい遅刻したのに全然とがめられず、漫画家の長堀かおる先生にラーメン屋へ連れて行かれ、うまいラーメンを食わされ、仕事部屋へ連れて行かれ、テキトーに漫画を読んだり質問にこたえたりさせられた。そしてツイート検索に作品名（『骨の髄まで私に尽くせ。』）が引っかかるよう明記せよと指示された。

長堀先生の仕事部屋には人気の漫画がたくさんそろってて、それらが読み放題という状況だったので、プロの漫画家さんの仕事部屋を漫画喫茶のように利用してる異常な状況にめちゃくちゃ興奮しました。

先生は基本黙々と作業してましたが、時々「誰かがそこにいてくれるってすばらしい！」と叫んだり、小学生の頃の友達んちみたいで良い、いるだけで喜ばれる人もいるんだよってことを世に広く言いたい、ちょうどいい存在感、本当にちょうどいい、など呟いてて、なんもしてないけど「よかったな」と思った。

ちなみに今日は「なにもさん」と呼ばれた。呼ばれ方が日によるの面白いな。

【6月7日】 #エレカシ

なんもしてないのにテーマソングができた。着てきた服が部屋干しくさい。男としか会わない日でよかった。そして今日は朝からカラオケに連れて行かれました。こんななんもしないカラオケは初めてで楽しかったな。

利用者数のカウントはめんどくさいのでやめました。大事なのは数じゃないと聞いたこともあるし。


——出先ではなんもしなくて、家に帰ると家事や息子の世話でいろいろしてて、「逆になってる」ってよく思う。

Q　「キャッチボールの壁になってほしい」
A　ケガする可能性高いことはしません。

「仕事で行けなくなったけど空席にするのは申し訳ないから」と、芝居のチケットを譲られて一人で見に行かされました。脚本・演出は渡辺えりさん、キャストはテレビで知ってる人たちのオンパレードで、本物のやつでした。「こういうのもっと来い！」と思わずにはいられませんでした。

チケットは手渡しでもらうため、当日の都合が合わない場合は前日とかにどこかで会う必要があり、交通費を二重にもらうんですが、チケットをもらったうえに交通費までダブルでもらうというのはさすがに高度な図々しさが要求されました。もらいましたが。「空席にするのは申し訳ない」って優しすぎるなと思ったら、芝居が好きな人たちの間ではわりと一般的っぽくて、〝文化〟を感じた。

今日のカラオケの人はエレファントカシマシの「赤い薔薇」のいちばん高い音が出るかどうかでその日の喉の調子を確かめてると言ってて、それもなんとなく〝文化〟を感じた。「今日は出ないほうっす」とぼそっと言ってて面白かった。

【6月8日】 #キャンセル

けさは皮膚科に来ています。完全に私用です。肌が弱い（アトピー性皮膚炎）ため、定期的に薬をもらいにきてます。今日は午後からの予定が急遽キャンセルになったので休みになりそうです。急遽なんかある人はお知らせください。

それから依頼される方へ。もし依頼されてて、急遽キャンセルになっても僕の収支には関わらないし問題ないです。気にせず急遽入った用事を優先してください。

【6月9日】 #ベージュさん

依頼者のたなあつさんにカレーを食わされながら「マレーシアでプロ奢ラレヤー（twitter で著名）に焼肉を奢った話」を聞かされた。プロ奢さんからはかなり本質的な助言をもらえたようで、それをそのまま聞かされたので、僕も間接的に助言をもらえた形となった。プロ奢のパクリとして良い励みになった。「とにかく話を聞いてくれ」という依頼だったけど、いつのまにか僕のほうがいろいろと気持ちよくしゃべってしまっていたので、めちゃくちゃな聞き上手だと思った。なんか話を聞いてほしいときは、たなあつさんにコンタクトをとるといいかもしれません。

——今回は「ベージュさん」と呼ばれた（ズボンがベージュだったので）。

【6月10日】＃キャップのつば

ラーメンばっか食わされてきた一週間の〆に、昨晩、依頼者の藍眼白龍さんにラーメン二郎へ連れてかれて一緒に並ばされた。パチンコ屋の列はスサんでたけど、ラーメン屋の列は真っ当な人たちで構成されてていい。とくに二郎は遊園地のアトラクションの列にも似たウキウキ感もあり楽しかった。

――藍眼さんからはラーメン二郎についての豊かなウンチクをいろいろ聞かされた。メモろうかと思ったがめんどくさくてやめた。「川崎に暴力団が多いのは警視庁が厳しいから」などラーメンとまったく関係ないのも聞かされた。なんでそんなこと知ってるのかたずねたら「姉から聞いた」と返され、謎は解けなかった。

Ⓛ

国分寺からの交通費をもらってるため国分寺に住んでると思われることが多いですが、住んでるのはもっと外れた駅の周辺です。その駅からの交通費でと告知してもハァ？どこ？　って思われそうなのと、どこに行くにもたいてい国分寺には出るので国分寺からの交通費としてます。

たまに「話題の！」「依頼殺到！」とか言ってもらえてますが、そんなに殺到してません。あと一週間もたてば閑散期に入るとおもいます。引き続きなんかあればお知らせくださ い。

Q「電話で話してみたいのですが、そんなことできますか?」

A　基本難しいのですが、僕が自宅にいて余程ヒマになってる場合はできるかもしれないので、言ってみるだけ言ってもらうのは大丈夫です。今日は予定が雨で延期になり、家でぽけーっとしてたので対応した感じです。

こだまさんの私小説『夫のちんぽが入らない』のドラマ版、タイトルがタイトルだけにエキストラが集まらない様子。僕の告知ツイートの拡散はこだまさんのリツイート効果がかなり大きかったというのもあり、より一層存在感を消して、どこかに入りこもうと思ってます。

㋹

キャップのつばを後ろに回すのは単にかっこつけてるだけだと思ってたけど、ラーメン二郎でラーメン食べるとき、キャップのつばが前の食券置き(?)に当たって食べにくくて反射的につばを後ろに回したので、つばが後ろの人は「せまいラーメン屋のラーメン好き」の可能性もあることを知りました。

2 その後の、6月：もう一人の私になってほしい

【6月11日】 #ニンニク感

先週末に食わされたラーメン二郎のニンニク感がいっこうに抜けないため、今日の依頼は多少のニンニク臭を許容できる人にかぎらせてもらいます。

返信はなるべく早くするようにしてますが、歩きスマホはしないようにしています。レスポンスが遅いときは「歩いてるな」と思ってください。

——某格安美容室で外れを引いたけど帽子があるからあんまり気にならない。帽子すごい。

㋹

依頼者のきりんなべさんにドトールへ連れてかれてアイス黒糖ラテを飲まされたうえに面白い自作マンガをたくさん読まされた。きりんなべさんはそのドトールの店員さんでもあるということで、ドラクエとかの、店のカウンターの中にあって取れない宝箱を開けたような気分になれて良かったです。

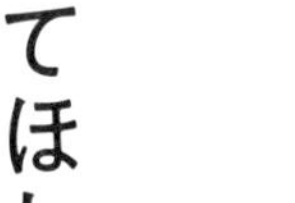

【6月12日】 #ポチ袋

依頼者のなかねさんから西荻窪の「プロジェクト」というバーに呼ばれ、オーナーのそーさんから良い肉、魚、野菜、酒を多々出された。「西荻でいちばん良い肉」とやや胡散くさいことを言われたが、さもありなんな味で、タダ飯であることに恐縮しかけたけどすぐ慣れ、ただただおいしく頂けた。

――〝酒の場の悪ノリ〟に近い状態になり、そこにいた僕以外のなんかする人たち各々の得意分野がもちよられ「レンタルなんもしない人」のロゴ、ドメイン、サイトが勝手に生み出されていった。できたものどうこうではなく、その道の人たちが楽しそうになんかしてるのをなんもせず眺めてるの楽しかったです。

㋹

今日は依頼者にサイゼリヤでランチさせられ、公務員ならではの話をきかされました。レンタルのやつ真似していいか問われて、いいよって言ったら、早くも真似（レンタルなんもしない公務員）が完成してて、しかもさっそく依頼が来てて面白いです。

――ポチ袋の中身は見ずにもらいますので多めに入ってても気づきません。ご注意ください。

【6月14日】　#試練

これまでのところ〝試練〟みたいなのは二つだけあった。一つ目はラーメン二郎の食券機。もたもたしてたら後ろの人ににらまれそうだったから。二つ目は依頼者「魔女っこれいさん」のお母さんとの電話。お母さんから掛かってきた電話をいきなり渡された。自分より頭おかしい人きたなと思った。

——行く先々で妻の心の広さをほめられる。

㋹

食べ物の好き嫌いについて聞かれること多いけど、よほどのゲテモノでなければなんでも食べますし、ゲテモノも少し検討してから行くと思います。

【6月16日】　#ほうじ茶フラペチーノ

現在スタバで売られている、ほうじ茶フラペチーノを一口だけ飲んでみたいんです。甘いものが好きなのですが、ほうじ茶はそれほど甘くないと聞き、でも一度は飲んでみたい。けど全部は飲み切れる気がしないのでシェアしていただけないでしょうか。

残すのは嫌なんです。

昨日はこういう、地味だけど情緒と切実さのある、探偵ナイトスクープの三つ目の依頼みたいな依頼があって良かったです。「雨の日は億劫なので晴れている平日の昼間で」と、日時指定も人間味にあふれ、結局めっちゃ雨降ってたのもふくめ良かった。

あと「パン食べ放題でとにかくたくさんパンを食べたいから付き合ってくれ」という力強い依頼もあり、それはそれで良かった。もうなんでも良い。

【6月17日】 #ヘディス

謎のスポーツ「ヘディス」（ヘディングでやる卓球のような競技）を見に来た。全国大会の決勝戦。日本代表になるとスロバキアである世界大会に出場できるそうです。

依頼者以外にも人がたくさんいて、話が通っていないという初パターン。かなり置いてけぼりを食らっている。でも今のところ選手控え室でケータイをいじるか人骨（人の骨格の模型）を眺めるかしかやることなくて助かる。

——依頼は「応援してほしい」ということでした。「大声とか出せないので気持ちだけになります」と伝えたらそれでOKとのことだったので引き受けました。大声出したりするような本格的なやつは難しいかもしれません。あと、今回応援してた人は敗退したので効果は期待できません。

【6月18日】　#ガムを噛む

意外なニーズや隠れたニーズ、実験的なやつももちろん面白いけど、話を聞いてほしいとか飯に付き合えとかの普通のやつもまだまだ面白いので引き続きお待ちしてます。依頼する側で「これ面白いのかな」「もっと面白くしないと」とかあんまり考えなくて大丈夫です。

㋹

レンタルなんもしない人を始めてから食事中以外はずっとガムを噛んでいる。先駆者の真似で噛み始めたけど、噛んでいるとその良さがいろいろ感じられる。会話中、自分の口臭への心配が減る。場の緊張感が和らぐ。かなり暇に見え、話しかけられやすい。おいしい、など。しかし全部気のせいな気もするし、顎がめちゃくちゃ痛い。

【6月19日】　#ラッシュ

レンタルなんもしない人、わりと毎日のように通勤ラッシュと帰宅ラッシュに巻き込まれるの面白いな。

【6月20日】 #定食を二個

「友達とだと会話が発生してしまい90分めいっぱい使えないから、何も喋らなくていい人に付き合ってもらいたい」という依頼にて、焼き肉食べ放題に同行。僕は彼女の四分の一も食べてないけど、人生でいちばん肉を食べた日になりました。テレビで見るやつに匹敵するくらい食べる人で、いく店いく店で顔と名前を覚えられるんだそうです。たらふくご馳走されたうえに喜んでまでもらえて、世の中どうなってんの？　と混乱したものの最高でした。依頼者はイヤホンしてスマホゲームをしながら黙々と食べていた。焼肉の手際がめちゃくちゃ良くて、氷も駆使して網交換によるタイムロスがほとんど発生しないようにしてたっぽい。

大戸屋も好きと言うので親近感を覚えかけたが、いつも定食を二個頼んでるとのことで、二倍の差があった。定食をアラカルトみたいに扱うの、よく食べる人たちにとってはあるあるなんだろうか。

【6月21日】 #モー娘。とエキストラと散歩

昨日は依頼者の連れのかわりにモーニング娘。のコンサートに連れてかれた。日本武道館。思えば一九年前、ASAYANを毎週欠かさず見てた。歌番組を全部チェックし

てゴマキの動向を追ってた。姉に揶揄されながらもプッチモニダイバーを聴いてた。現メンバー一人もしらんかったけど、ひたすら楽しくて、良かった。

㋹

例の（こだまさんの）エキストラに行ってきた。たまたま感じの良い人たちと同席になり、レンタルなんもしない人の話とかもさせてもらえて、バズリ等を自慢した流れで同席者のバイト先のキャンペーンツイートをリツイートさせられることになった。みんな、こだまさんにちんぽが入っていたら知り合えなかった人たちだ。

㋹

「なんもしない人さんの散歩に特になんもせずについて行きたいです」という、えむらさんからの依頼でなんもしないルートを散歩してきました。

あえて補足するなら「この仮面はＨ＆Ｍで買える」「えむさんは運動経験、スポーツ経験、筋肉すべてないのにジムのインストラクターをやってる」の二点。二点目、動機が「タダでジム使えたらいいなって」とのことで、自分と似たものを感じる。

【6月22日】 ＃女子大生になりきる

他人のマンションの入り口で他人の本を読みながら他人の配達物を待つ。ちなみに荷物の受け取り単体では引き受けないと思います。このあとさらに彼女のかわりに都会を徘徊します。

——やっぱり他人の配達物、受け取れませんでした。詐欺が多発しているため、室内、玄関先での受け取りが義務付けられているんだそうです。業者によるかもですが。

今から女子大生になりきって一日過ごすんですが、ジーパンの部屋干し臭が邪魔してきて難しい。

——女子大生の気分で∞を眺める（渋谷のヨシモト無限大ホール）。

——指定の本を指定の時間まで読む。スタバ、ブラックコーヒーも指定。

依頼は「もうひとりの私になってほしい」です。それ以上のことは僕にもわかりません。女子大生になりきったお返しにカスミソウをもらった。結構な地方から上京してきた女子大生の気持ちになって歩く渋谷は楽しかったです。

スタバでブラックコーヒーを頼むように指定されてて、アイスコーヒーの

ミルク・ガムシロ無しにしたけど、氷が入っててもブラックって言っていいのか微妙だな失敗したなと思って調べたら、氷どころか砂糖が入っててもブラックって言っていいらしい。知らなかった。

依頼で喫茶店に行ったとき、ガムシロとミルク入れて飲んでたことがあると思うんですが、ブラックが苦手というわけではなく、アイスコーヒーはミルクを入れてすぐその上からガムシロをかけてガムシロの重みでミルクが沈むのを見てからちょっとだけかき混ぜて飲むのが好きなんです。ただこれは一日一回やればじゅうぶんなので大丈夫です。

【6月23日】#布教の開始

カラオケルームでキンプリをやらされてる。楽しい拷問でした。

「キンプリ」は「キングオブプリズム」、「キンプラ」は「キングオブプリズムプライドザヒーロー」の略です。だいたい同じですか？　って聞いたら「いえ違います」と叱られました。これらが一体なんなのかの説明は割愛します。言葉で説明してもひとかけらも伝わらないと思うので。キンプリの「応援上映」というもの、字面からなんとなくイメージできる人もいると思うけど、いきなり土下座したりするし、想像よりもまださらに訳わからないはずです。

【6月24日】 #リピート率、〇

レンタルなんもしない人、始めてからちょうど三週間。リピート率は〇パーセント。飲食店だったらアウトだった。明日から閑散期に入る。

【6月25日】 #レンタルなんもしないSE

僕のやってることとオマージュして「レンタルなんもしないSE」として活動を開始したら数日で離島に連れてかれた人心配だな。当人から「無事っすよー」と連絡あり。「そんな安全なこと言わず、なんか事件に巻き込まれてくれ」と返信。

【6月26日】 #良いカフェ

先週、感想としては書ききれてないが、学生さんにカフェを奢られたりもした。国分寺の「北口カフェ」というところ。良いカフェだった。とくに名前。北口に行けばいいとすぐわかる。どれだけ駅前にあっても高い確率で出口を間違えて迷うタイプなので助かる。世のカフェすべてこうなれとさえ思う。ⓛ

『夫のちんぽが入らない』映像版のエキストラ、楽しいのでぜひ。七月一日の撮影、けっこう遠いうえに三四歳妻子持ちだけど、始発で大学生を演じに行きます。自分の見た目が人より変わらないの、このためだったんじゃないかと思えてきました。ちんぽ、盛り上げてきます。

【6月27日】 #性格表現の頭像

今日はルーヴル美術館展に連れてかれてます。「性格表現の頭像」、「赤い縁なし帽をかぶった若い男性の肖像」といった作品のフラッグが出迎えてくれる。もはや入る前から面白いな。

私は四〇歳の主婦です。軽度の精神障害があり、障害者手帳の三級を持っています。障害者手帳を持っていても、バスの運賃が割引になるとか以外は、普段あまり使うことはないのですが、映画が割引になったり美術館等はだいたい無料になります。しかも「付き添い一人まで無料」なので「一人で行ってもいいけれど、せっかくだから二人分無料になるとオトクだな」と思っています。

しかし小さい娘たちもおり、土日に夫と美術館などに出掛けるのは困難です。彼女らを保育園に預けている平日の日中に時間が合わせられる友人は少なく、さみしい思いをしていました。

運動不足でもあるので、美術鑑賞と散歩とお茶をお付き合いいただければと思います。いかがでしょうか。

依頼者の金川マッコさん、僕が何かの感想で探偵ナイトスクープに絡めて表現したのを気に入ってくれてたみたいで、ナイトスクープの依頼っぽい、高い競争率を意識してそうな緻密な依頼をくれました。岡部まりの声で再生され、思わず引き受けました（実際にはこんなしっかりした文面じゃなくて大丈夫です）。

美術館をまわったあとはタクシーでマッコさんオススメのカレー屋に連れてかれました。車中、過去にパラダイステレビでキャットファイト（女相撲と女子プロレスを合わせたようなもの）のバイトをしていた話など、ルーヴルの展示の数々を早々にかすませる印象深い話をいろいろ聞かされて面白かったです。

ルーヴル美術館展でいちばん印象深かったのは「性格表現の頭像」。チョコレートになっても凄みを失わない。真の芸術は商品化に耐えうる。

【6月29日】 #なんもしない人パーティー

西荻窪のプロジェクトという店で「なんもしない人パーティー」というのがあった。何やるとかはとくになし。店主も注文を聞いたりせず誰かがビール飲みたそうにしてたら（かつ自分がヒマだったら）ビールを出す、というスタンスで面白かった。

——お客さんが勝手に麻婆豆腐作ってた。うまかった。

【6月30日】 #こだまさんの欲

『夫のちんぽが入らない』『ここは、おしまいの地』の作者こだまさんにレンタルされました。一時間四〇分くらい遅刻されたので、こちらも遠慮なくサインをお願いしたら謝罪文を書かれました。ともかく、エキストラを熱心にやってたら原作者に会えた稀有な例になれて良かったです。

　こだまさんとは主に、熊野神社にある茅の輪をくぐりに行きました。8の字にくぐることで、上半期の罪穢れを祓えるんだそうです。著書の中でネタにしてる旦那さんやけんちゃん、そのご家族のこと、今日の遅刻のこと、そう簡単に祓い落とせると思うなよと思いつつ、僕もここ最近過剰に奢られてることを思いながらくぐりました。

　ついでに絵馬を奢ってもらった。なんもしない人である僕は願いごとに気を利かせることもできずこんな感じです。こだまさんは意外と欲だしてて面白かった。たぶんこのラックにある中でいちばん文字数多かった。

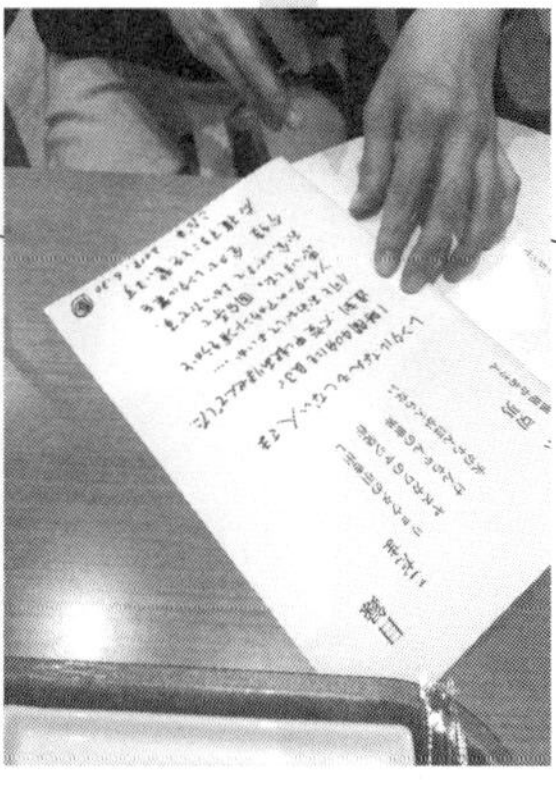

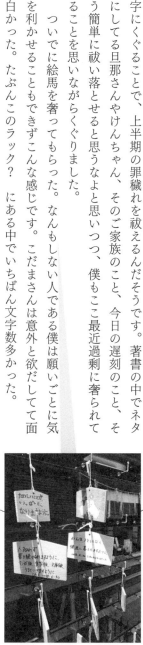

Ⓛ

先週のカラオケボックスでのキンプラ応援上映に続き、今日は大人数での応援上映に参加。前回は個対個だったので「楽しい拷問」でしたが、今回は集団からの圧力を感じたので「楽しい宗教」という感じでした。悪い意味ではないです。

3　7月：ロッカーに行け

【7月1日】 #エリート

キンプリには「エリート」と呼ばれるコアなファンが存在する。エリートにとって七〇分一六〇〇円のチケット代は「一秒あたり〇・四円切るから実質無料」「体感時間は五時間だからむしろ映画は赤字」とのこと。SNSで「キンプリ気になる」等の発言を見たら「初回無料」といってタダでチケットを配ったりもするらしい。

【7月2日】 #架空の約束をドタキャンする

今日から木曜までは誰からもレンタルされてない、単なるなんもしない人だ。据え置き型なんもしない人。レトロニムだ。

『夫のちんぽが入らない』の二度目のエキストラに参加した。結構ちゃんとした出番がもらえたり、待ち時間も初対面の女性三人とずっと雑談できたりと楽しかった。その三人中二人はこのレンタル業のこと知ってたし、他にも気付いてた人もいるようで、「認

知されつつある……！」と興奮してしまう。

——自己愛が垣間見えるツイートをするとフォロワーが三人減る。

㋹

「結婚式に招かれたがそんな仲良いわけではなく行きたくない。正直に伝えてむやみに相手の感情を刺激するのは避けたいが嘘つくのも嫌。なので人（なんもしない人）との約束があることにさせてほしい。そして当日、朝イチでドタキャンしてくれ」という依頼、「なんもしない」の尺度で現在トップにきてる。交通費がかからないから無料。最たる「なんもしない」。

なんもしないとはいえ、依頼者のストレスの軽減や、ツイートが伸びていること、それによって新たにこのサービスを知ってくれたひとがいるなど、多くの価値を生んでる。

——「ドタキャン」は、僕と依頼者との約束に対してで、僕が依頼者に対してドタキャンするわけです。結婚式関係者にはなんの迷惑もかかってません。念のためもう一つ言うと、ドタキャンするのは依頼者ではなく僕なので依頼者の落ち度にはならないと思います。

——依頼の文面に「友達がいないので」が入ってたら、内容ほぼ見ず反射的に引き受けてしまう。

Q「夏場はキツイよね。体調気をつけてくださいね」

A　ありがとうございます。体質的に、死ぬとしたら寒さのほうなので大丈夫です。
冬は気をつけます。

【7月4日】#プロ奢ラレヤー

先駆者であるプロ奢ラレヤーからオファーがきた……！

【7月5日】#酔いがまださめない

はじめまして。なんもしない人サービス、公園で夜風にあたって缶チューハイ飲みたいけど一人だとちょっと怪しくてあれだな……みたいなシチュエーションなどの場合には来ていただけるのでしょうか？

昨日の夜はこの依頼でたくさんお酒を飲まされました。夏、夜、公園、酒の四者、相性がよすぎてべろんべろんに酔っ払ってしまい、まだ酔いが覚めてません。今日会う人には何らかの迷惑がかかるかもです。

新宿のシナモンロールカフェでまったく食べたいと思えない色をした食べもの（スカ

プロ奢ラレヤー
@taichinakaj
ごく簡単な受け答えをしてもらえば大丈夫なんで、今度Voicy出てもらっていいすか！
10:22
了解です！

イブルーのビーフストロガノフ）をごちそうになりました。依頼者の人は左の普通においしそうなのを食べてました。こういう「頼んでみたいが食べたくはないもの」があるときに、損な役回りをさせるという利用方法もあります。

――あのキャラクター、いままでずっと「シナモンロール」だと思ってたけど、「シナモロール」だったのか……。

Q　「なんもしない人さんはご家族いらっしゃるのですか？」

A　〇歳の息子と妻がいます。このレンタル業は、妻の心の広さと、息子のなんもわかってなさによって成り立っています。

【7月6日】　#しょぼい喫茶店

中野にある「しょぼい喫茶店」に来てます。お店の人が電子レンジ待ってる間スマホいじってたり、良い感じです。

しょぼい喫茶店は中野駅から結構歩いたところにあった（最寄は新井薬師前駅）。外観、内装、品書き、空調、いろいろしょぼくて面白かった。接客はやや素っ気なく、「そこもなんだ」と思ってたら、あとで来た常連の方には愛想を振りまいてて、一貫性の無さもふくめシンパシーを感じた。

——僕はバタートーストと「しょぼいコーヒー」を注文した。普通においしかった。ただ、ハチミツが容器の大きさのわりに残量少なめだったせいか出が悪く、そういう細部までしょぼさが行き届いてることに感心した。夜は「しょぼい会」など、よくイベントをやってるらしい。今夜も明日もなんかあるとのこと。

【7月7日】＃エゴサの速度

Q「なんもしない人ってエゴサ速くないですか？」
A　なんもしない人なので、気味わるがられないようにしようという配慮もできかねます。
Q「今度東京に行ったときにお話させていただきたいのですが、女性でも大丈夫ですか？」
A　了解です。女性でも大丈夫かということについては、そちらさえ大丈夫なら大丈夫です。

【7月8日】＃東京こわいっすね

昨日は愛知からたまたま東京に来てた学生さんにご飯を奢られた。旅先でのひとり飯

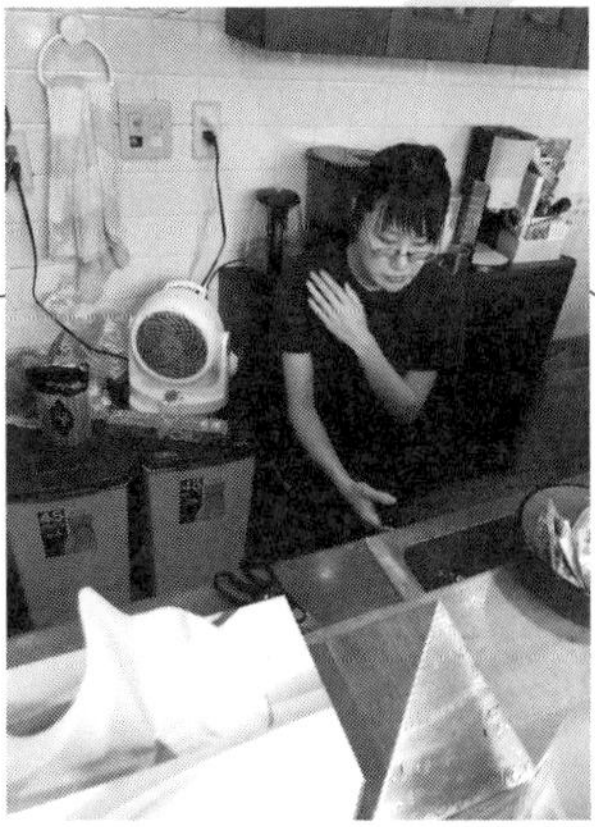

は結構さびしいので、とのこと。こういう依頼はたまにあり、東京案内的なことを期待されることもあるが、僕は大学まで関西、就職は静岡で、東京歴はまだ浅い。結局一緒に「東京こわいっすね」と言いながら歩く感じになる。

Ⓛ

アマチュアの大喜利イベントの観覧に呼ばれてます。公共施設（セシオン杉並）の視聴覚室ですが、客入り中のBGMとかあるし、ちゃんとしてます。スクリーンもあってそこにお題が出るのだが、回答はみんな早口かつ言い終わらないうちに大きめの笑い声がブワーって起こって全然聞き取れない。愛想笑いしかできない。見る側も慣れが必要そう（後半では慣れてきてちゃんと笑えるようになった）。

——「この写真で一言」（写真はサザエさんのカツオが泣いているもの）というお題で、「いつのまにか自分のほうが花沢さんのことを好きになっていた」という答えが面白かったです。写真で一言はあんまり頭を使わなくても笑えていいな。

【7月9日】　#弟と一緒にいてほしい

ユーチューバーのスターターズ!!!!さんに撮られた。自分の映ってる動画は恥ずかしくてどうしても見返せない……。キザにならないように立つのが難しかったので、ポールやドアノブや溝のフタなどをじっと見てました。ふだんそれをやると怪しまれそうなのでやらないだけで、一つのものを長い時間見つめるのは好きなほうです。瞑想してるような感覚にもなり、頭がスッキリします。

㋹

午前中は「弟と一緒にいてほしい」という依頼で介護施設にいた。いわゆる老人ホームみたいなところだけど、その弟さんは（詳しくは聞いてないが）事故でマヒが生じたようで、僕の親より若く、普通に会話を楽しめた。次はなぞなぞ二個と笑い話二個用意してくるよう言われたので誰かなぞなぞを……。

【7月10日】 #亀戸餃子

亀戸の餃子専門店「亀戸餃子」に連れてかれた。ネーミングの潔さからしてうまそうで、実際うまかった。五個ごとに皿が積み上がるのが楽しく、二人で一〇皿ぺろり。店員さんもカメラ映えに配慮してビール瓶を並べてくれたりとやさしい。貴乃花の来店写真もあったが、依頼者は「あんなでしたっけ」と疑ってた。

先日別の依頼者の家に呼ばれてご飯をふるまわれた。そのときは料理が凄い人だとは知らず、中古の64やテレビの横のTENGA、部屋のめちゃくちゃいいにおいなどに気をとられて十分に味わえず、後悔してる。ただ、焼売とスープのうまさだけは強く覚えてて、何らかの方法でレシピを後世に残してくれと思った。Ⓛ

【7月11日】#プロ奢に奢られる

奢られることのプロ、「プロ奢ラレヤー」から奢られるという変わった体験をしにいきます。会話は音声配信サービスVoicyで配信されますが、「ごく簡単なうけこたえ」以上のことは期待しないよう頼みます。

――プロ奢に奢られた。カード不可の店、しかも現金の持ち合わせがなかったみたいでATMで金おろさせたりもして、なんかやたら興奮した。Voicy、プロ奢によるレンタルなんもしない人の分析が的確なのでぜひ。

Q「レンタルする人と、その先で会う人が別なのはありですか？　会う人は、レンタルなんもしない人だと知ってる前提で」

Ａ　はい。会う人が依頼者とは別の人でも、その人が「レンタルなんもしない人」について わかってる状態にしてもらえるならまったく問題ないです。

Ｑ　「突然依頼してみても大丈夫ですか？」

Ａ　「今からいけますか？」的な依頼、話が早いのでむしろ歓迎です。いけるかどうかはそのとき次第ですが、遠慮なくお声がけください。歩いてたり映画見てたりすると反応できずそのままお流れになるかもという点だけご了承ください。

Ｑ　「犬の散歩はやりますか？」

Ａ　犬の散歩は生き物の命をあずかるわけなので難易度かなり高いです。同行なら大丈夫です。

今日はこれから「サラリーマンになりきって飲み屋めぐりに付き合ってくれ」という依頼があるので、なんもしない人としては初めてのスーツに着替えた。

㋹

漫画家の鈴木ミニラ先生のファミレス作業に居合わせ、一人だとサボっちゃうという人類共通の悩みにこたえた。帰りに本屋へ寄り、初作品の『聖域コンシェルジュ』を奢られる流れになったが置いてなくて、二人で切なくなった（結局、私物のやつをくれた）。

ファミレスでの作業中、先生はたまに手をとめて僕の学生時代の部活をたずねてきたりした。次の連載のキャラクター設定を細かく決めていたみたいで、ちょうど部活をどうするか考えてたもよう。反映されるかわからないけど漫画のモデルになれた感があり良かった。こういう、資料的な使い方もいいかもしれない。

そういえば、プロ奢ラレヤーはハンドボール部だったそうで、実は僕もハンドボール部だった。あと、キングコング西野は僕と同じ高校のハンド部の先輩だった。ハンドボールには、人に特殊な生き方を選ばせるなにかがあるのかもしれない。

㋹

依頼者と一緒に中華料理屋へ。この店、彼がたまたま空港で助けたご婦人の家族が経営しているそうで、その話をすればサービスしてもらえたであろうところ「自分から言えないっすよ」と奥ゆかしい人だった。食事中は仮想通貨や大麻解禁についての、世間的にはかなり胡散くさい話をされて戸惑ったけど、なかなか聞けない話で面白かった。

㋹

このまえ依頼者のナイスな感想ツイートを見て浮かれて小走りしたらケータイ落として画面を派手に割ってしまい、その修理代でこれまでもらった交通費の半分くらいもってかれたの悲しかったな……。

【7月13日】 #架空の約束のドタキャンをスッポかす

7月2日の依頼、結婚式に出たくなかった依頼者とのあいだに交わした架空のピクニックの約束をドタキャンするだけでいいというものだったんですが、当日、キャンセルの連絡するの忘れてて無断でスッポかす形になってしまった。でも別に怒られてないし、それはそれでよかったようなので、結果的には完璧になんもしない案件になった。

【7月14日】 #フットサル

写真家の武藤裕也さんと武藤みきさんに写真を撮られた。撮ってる人を撮り返したろうとカメラを向けたらおどけられたので「まじめにしてください」と理不尽なことを言ってしまった。完成したプロフ写真はめちゃ良く撮れてて、実物でがっかりさせるのはお互いに気まずいので差し替え無しでいくつもり。

㋹

フットサルのセミプロリーグを見にきた。なんて言うかわからないけどポンポンを持った露出度の高い女性もいて本格的。立川・府中アスレティックFCを応援させられている。
応援してた立川・府中アスレティックFCが一－〇でフウガドールすみだをくだした。フットサル、結構面白いのに集客に悩んでいる模様。野球だったら「手に汗握る投手戦」とか言って楽しめるけど、フットサルはそうもいかないのがもどかしいですね。面白いのに全国区ではない天竺鼠（お笑い芸人）を見てる気分になった。Fリーグの存在が知られてなさすぎなので、まずは知られてくれと思う。

――自分が褒められてるツイートをリツイートするとフォロワーが四人減る。

【7月15日】 ＃パンケーキ食べたい

依頼者にパンケーキ屋へ連れてかれた。かなり並んでたけど記名してどっか行けるタイプだったのでゲーセンへ。音ゲーでボロ負けしたあとエアホッケーで一矢報いた。ホッケーめちゃくちゃ楽しい。自分の真似してレンタル業してる人適当に呼んでまたやろうかと思った。
パンケーキ食べたあと依頼者から「人に奢るのけっこう好きかも」と言われたんですが、それ言われるまで自分が奢られてるという意識が薄かったことに驚いた。一か月ちょいで、奢られることが当たり前になりつつあり恐ろしい。このままだと童話みたいな痛い目にあって終わりそうなので心を入れかえたい。

八丁堀のスペインバルリーガという店でボーカロイドをテーマとしたカクテルパーティに参加させられた。今回の依頼者、突然「帽子剝がしていいですか？」って聞いてきて、戸惑ってる間に剝がされて「帽子の中身に興奮するんで……」と言ってきたり、持参してたポケットティッシュの中に「性欲の化け物」と書かれた缶バッジを入れてたり、とにかく普通ではなくて面白かった。Ⓛ

【7月16日】＃宇宙にも行きます

電車移動が多いといろんなことを学ぶ。西武新宿駅から新宿駅までの移動時間を甘くみてはいけないとか。発車時刻に間に合っても物理的に乗れない場合があるとか。あと、痴漢は実在するし、子供は本当に電車とホームの間に落ちる。

——「レンタルなんもしない人」やたら日焼けする。

——僕になんかさせようとすると損失をこうむる可能性があるのでご注意ください。Ⓛ

意外と伝わってない気がしてきたので念のためはっきり言うのですが、「国分寺駅からの交通費」をもらうことにしてるのは、国分寺あたりで活動したいからではなく、ニューヨークからの依頼にも対応できるようにするためです。お金がある人で「でも遠いと迷惑かな」と思ってる人は前向きにご検討ください。ニューヨークそのものにはとくに意味はなく、遠ければまあまあどこでもよくて、ただ文明はちゃんとあってほしい、というのが端的に伝わるかなと思った次第です。

ただ、こういうことを言うと近くからの依頼が来なくなってしまう心配もある。近くからでも大丈夫ということもあわせて強調したい。大事なのはいかになんもしないで済むかという観点。その点でいえば、「宇宙」もありです。

㋹

キックアス西荻というバーにごちそうされた。店主のみどり≠さんは、漫画家の鈴木ミニラ先生のお母様。初の親子レンタルです。プロの漫画家、文筆家、元エロ本編集者、絶対普通じゃない職種であろう長髪の男性など、客層が尖ってて面白かった。一昔前、景気のいい頃のエロ本は、一人一冊任されてて、一日に四万字、かさ増しのための無意味な官能的文章を書かされていたという話が凄かった。

【7月17日】 #グミの食べすぎ

劇団文化座の女優・水原葵さんにレンタルされ「朗読会」というものを見せられた。ただ座って本を読むのを聞かされるだけかと思いきや、体の動きを伴うものも多く、ほぼ演劇だった。芥川龍之介の杜子春など普通の演劇では扱わないような純文学を原作の文章そのままで演じていて凄かった。

㋹

自分の名前で検索してたら「〜行きたいけど一人で行くのもな。レンタルなんもしない人に頼もうかな」みたいなツイートがあり、リプライで「俺を呼べよ」って来てて、一緒に行く流れになってるのを見かけた。サービスそのものは利用せず、サービスの利用を匂わせるだけで効果を出すという利用方法もある。

㋹

先日、愛知から東京に来ててレンタルしてきた女子大生、「私、興味ないことはまったくやらないけど、好きなことに対してはトコトン突き詰めるタイプ。○か一○○なんです」と、ありがちな自己PRをしてきたので期待せずに具体例をたずねてみたら「グミの食べすぎでドクターストップがかかった」と言ってて笑った。

【7月18日】 #スケボーと死

珍しい名前の依頼者に新宿の穴場カフェバーへ連れてかれた。彼が待ち合わせ場所にスケボーを抱えて現れたとき、なんとなく死を覚悟したけど、ちゃんと優しい人だった。プロ奢ラレヤーと僕のVoicyを聴いて僕となら話せそうと思ったらしい。やはりハードルの低さが自分の売りだなと感じた。

【7月19日】 #タクシーの恐ろしさ

二〇時半から六本木でAbemaPrimeに出演します。司会はふかわりょうさん。実際にレンタルされてる様子がわかりやすいと思うので、ぜひ。スタジオにも居るよう言われてますが、ごく簡単なうけこたえ以上のことは期待しないようお願いします。

アベプラ、出ることそのものより、自分の映ってる映像を自分で見ないといけないかもしれないのがめちゃくちゃキツい。うまいこと、ＶＴＲが終わったあとにスタジオに連れてかれる流れであってほしい。

早く着きすぎてずっとここにいる。

アベプラ始まってます。が、僕はめちゃくちゃ無機質な空間で待機させら

れてます。

無事アベプラ終了。僕はめちゃくちゃ緊張してたせいか一瞬の出来事のように感じています。でもみんな優しくて楽しかったです。タクシーチケットもらって帰るのめちゃくちゃ気持ちいいな……。

タクシーの恐ろしさ。初乗り料金からの六〇九〇円……一万六四六〇円!!!　とはいえ、撮るの忘れましたが、ビックリマンシールくらいの大きさの紙に金額を書き込んで渡すだけで降りられました。

【7月20日】 #ただ居にいく

しょうこさんから「休日に家で一人で勉強するの集中できないから家に来て、ただ居てくれ」との依頼があり、片道二時間半かけてただ居にいった。本が多く、文芸雑誌や、ハードカバーの高そうなのも充実した、居がいのある部屋だった。『モモ』の置き場所をまちがえたのはプロ意識に欠けてた。

――依頼は大喜利じゃないので、類似の依頼やリピートも歓迎です。なんもしなくていいならどこにでも行きます。

㋹

先日「エキストラを熱心にやってくれたお礼がしたい」という依頼でレンタルしてきて、寝坊により一時間四〇分遅刻してきた作家のこだまさんが、第三四回講談社エッセイ賞を受賞しました。

人知れず書き続けられますように。
マンガ版、実写版、文庫版うまくいきますように

という字数の多い絵馬が順調に実っていくのを今後も見守りたい。

【7月21日】 #ネズミとディズニー

先日テレビ出演前に、チコさんにラーメンを奢られ、初出演の激励をうけた。道中でネズミに出くわし、店内でもデカいゴキブリに出くわしたおかげか、テレビへの緊張感はやや引っこんで助かった。ネズミやゴキブリは、それが怖いというより、それが出たという事実にショックをうけてしまう。

さて、ディズニーランドに来ました。

依頼者の友達のかわりにディズニーランドで連れ回された。ミッキーの家に行きたいが、最後に待ち構えるミッキーの着ぐるみが苦手（必要以上に大きくて自我をもったものが全般的に苦手）という依頼者。僕が単独でミッキーに媚びることで依頼者はミッキーに失礼なくミッキーと距離をとることができていた。ミッキーはデカかった。改めて「ネズミ」として見ると怖い。

ディズニーの同行、楽しんでもらえた印象。友達とだと互いに気をつかい、あまり気が乗らないのも巡ることになるが、僕とだと自分の好み全開で連れ回せるらしい。何に乗るかの相談もほとんど発生しないためか、短時間でたくさん巡れた（アトラクション一〇個）。それなら一人でいいのではとも思うが、一人だと何しても虚しいらしい。

【7月23日】＃へんなやつ上京してくんなよ

レンタルなんもしない人に対する批判や悪口、ツイッターではあまり見かけないなと思ってたら、フェイスブックにめちゃくちゃあったな。「うわっ、近っ！　へんなやつ上京してくんなよ」というコメントは笑いました。

【7月24日】＃誰もなんもしてない

しょぼい喫茶店で「なんもしないパーティー」やってます。店員さん含め誰もなんもしてなくて心配になってきた。

【7月25日】 #ロッカーに行け

ハンドメイドのイベント後に疲れてつい唐揚げ定食とか食べちゃうので、カフェにいってコーヒーだけ飲むところを見届けてほしいです。

昨晩は、七ツ森工房のあおさきさんからこういうレンタルのされ方をした。レンタルなんもしない人がダイエットにも使えるとは思っておらず、依頼者の発想に感心した。ただ、「コーヒーだけ」と言いながら結局ドーナツも食べてたし、僕もそれを止められなかったので効果はまったく期待できない。

あおさきさん、話を聞くと、一人で山へ行き、自らの手で鹿を狩り、自らの背で運んで、解体して肉を喰らう凄い人だった。「ライフルは免許の取得に一〇年かかるんで、散弾銃で……」「次は熊いってみたい」とのこと。アクセサリー作ってる女性への固定観念が覆されて面白かった。

㋹

指定時刻に「ロッカーに行け」とDMをくれという依頼。指定時刻になり「ロッカーに行け」と送ったが反応なく、「試されてる？」と思いながら何度も送るも

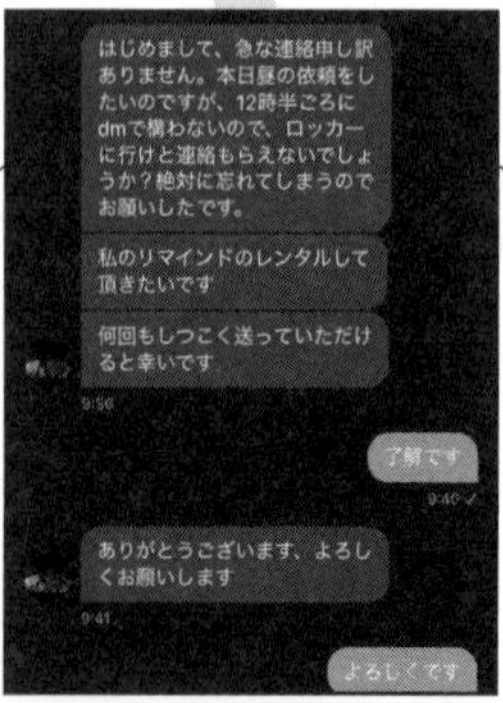

無反応。どうやらアプリの不具合か何かだったようで、ブラウザで見たらちゃんと返信きてた。本当にしつこくなってしまい、ただただ恥ずかしかった。

【7月26日】 #ごく簡単なうけこたえ

今日の予定は、依頼者がかなりキツそうな風邪を引いてしまいキャンセルになったため、空いています。急遽なんか依頼したいことある人はお知らせください。

Q「暇つぶしにLINEとかできますか？」

A　ごく簡単なうけこたえでよければ可能です（こちらから話題を提供することは一切ないです）。

最近はちょっとずつリピート案件が出始めててうれしい……。ただ、リピート案件は、ちょっと知り合いになってるせいか、こちらの「たかってる感」が増すので、より高度な図々しさが求められる気がする。改めてプロ奢ラレヤーの動画とか見て図々しさを高めていきたい。

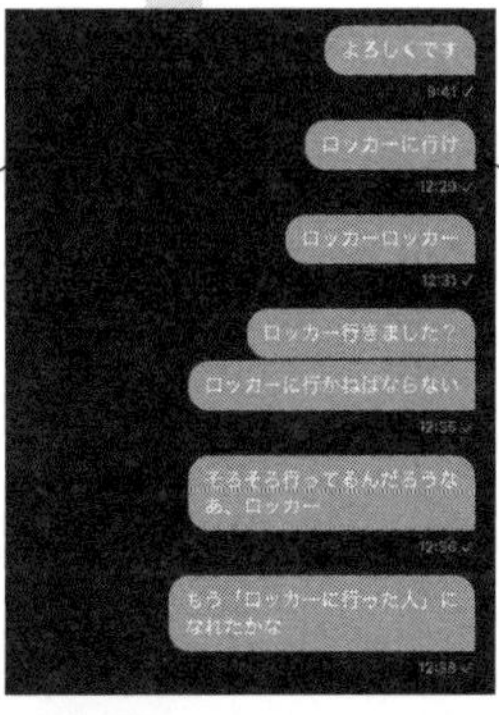

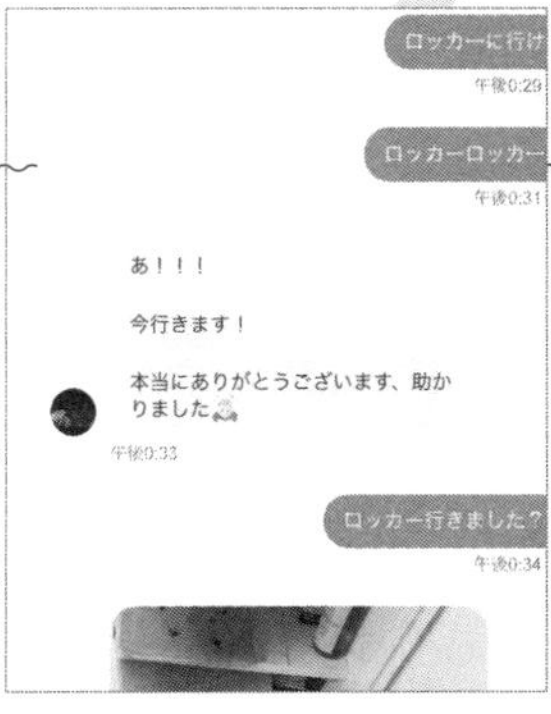

【7月27日】 #豪快なメモ

昨日は文月さんに寿司食わされ酒飲まされ買い物に付き添わされた。付き添いといっても単にこの豪快なメモを持たされて見える位置にかかげていただけだが、ふらふらの酔っ払いが買い物をするうえでは重要な人材に思えたし、やりがいあった。あと、人の買い物メモ眺めるの結構楽しかった。

㋹

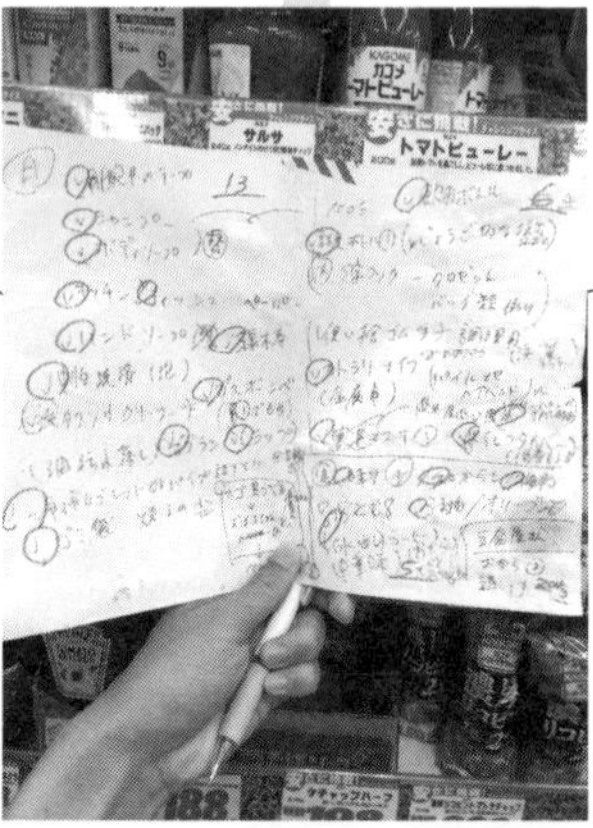

初めて千葉からレンタルされた。これで東京以外では神奈川、埼玉、千葉と、となりの県は全部いったぞと思ってたら、山梨とも接してることをいま知った。山梨からのレンタルはなかなか無さそうだな……。

Q　**ブドウ農家から依頼があるのでは？**

A　**なんもしない人が農業で活躍できるとしたらカカシぐらいしかないですよ。**

㋹

今晩は永山で夜通しキャンプファイアに参加させられる予定だったけど、なんとなく台風が怖いという理由でキャンセルした（キャンプファイア自体は強行されてるらしい）。

アウトドア系苦手なので、ごく簡単におじけづいてしまう。初のオールナイトレンタルは持ち越しとなった。

【7月28日】＃おっさんレンタル

赤羽に来たので、ニューヨーク行かずして自由の女神を拝めた。

おっさんレンタル兼おっさんライターの真崎さんに赤羽の飲み屋街を連れ回された。おっさんレンタルにレンタルされるぞ！　と張り切って行ったら同い年だった。自分はすでに「おっさん」を名乗らねばならない年なんだと改めて思い知り、何に対してか分からないが申し訳ない気分になった。

真崎さん、ハツラツとしたおっさんで、店へのエスコートは鮮やか、無愛想な店員にオススメを聞いたりもできちゃう本物の大人でした。なんもしない人よりかはちゃんとなんかしてくれます。ふだんは広島にいるようです。

【7月29日】＃KOHH

ばーばら不動産さんにお台場Zepp東京へ連れてかれた。ヒップホップ中心のライブで自分は門外漢だったけど、KOHHというラッパーが「今日は初めましての人も多いので薬物の曲を歌います」と言って「僕の周りには薬物をやっている人が多い～」と歌い出したところでグッと引き込まれた。

ばーばらさん、不動産会社の社長さんで、東京駅からZeppまでタクシーで直行、お釣りも断る羽振り良さ。いろんなものくれた上、突然「自慢があります……」と言って、ふなっしーとの相互フォロー状態を見せつけてきたり、よくわからないが信頼できる社長だと思った。福島に住むなら、ばーばら不動産です。

【7月30日】＃青梅上空、了解

何日か前、台風接近中くらいのとき、原付で走りながら無線で「青梅上空、了解」って言ってる人いて、その後どうなったかずっと気になってる。

今日は豊洲にあるＩＨＩステージアラウンド東京というところへ「メタルマクベス」という舞台を見にいく。

㋹

さっき道で知らない人から「あれ？　もしかして……レンタルさんですか⁉」って声かけられた！　生まれて初めて。向こうも喜んでたけどこっちもめちゃくちゃ嬉しくて「ありがとうございます！」の言い合いになったよ。

――しょぼい喫茶店「なんもしないパーティー」到着したら妻と子がいた……。

【7月31日】 #三分の二名様ご来店

どこか忘れたけど飲食店にいたとき、店員が「三分の二名様ご来店で〜す」と言って客を案内してたのでそっちをかなり見てしまった。かすかに期待された「三分の一欠けた人」の姿はなく、たぶん「全部で三名いるうちの今きてる二名を案内してる」という意味っぽかった。こういう言い方、一般的なんでしょうか。ちなみに自分は「三分の二名様」って言い方、けっこう便利だと思ってます。広く普及すればいいのにとも思います。

4 8月：外苑前これたりしますか（涙）

【8月1日】 #「見」を選択

初心にかえって行列に並んでる。

池袋で知らない人から「レンタルさん、ツイッター見てますよ」と声かけられた。人生で二回目。嬉しすぎるけど、ドラマとかだとこのあと鉄パイプ持ったチーマーに絡まれるはずなので気をつけよう。

㋹

「イベントバー エデン」での「なんもしないバー」。要町駅からわりと歩いた住宅街の中にあった。早く着いたけど、このドア開けるのなんか怖いので〝見《けん》〟を選択（じっと様子見してた）。

中からえらいてんちょうさんが出てきてくれて難を逃れました。中は素朴な感じ。カラオケもできます。画面にはmiwaが映ってます。カラオケの画

面にはいつもmiwaがいる気がする。
誰も来ない。ずっとmiwaを見てる。もう今日は「miwaを見るバー」で良い気がしてきました。
「なんもしないバー」結局ちょっと人が来てよかった。レンタルなんもしない人に集客力がないことについて参加者の一人から「呼べば来てくれる人にわざわざ会いにいくメリットがない」と、合ってそうな分析をいただいた。きっとそうなので集客ツールとしての利用は今後○に収束していくだろう。

【8月2日】 #誰にも言わないでくれ

たまに「絶対誰にも言わないでくれ」という条件つきの依頼があり、法的な契約とかできないけどそのように努めますと言って引き受けている。いうまでもなくそういうのほどめちゃくちゃ面白いので、誰とも共有できないことで軽い生き地獄を味わっている。もう最初から断ったほうがいいのか、葛藤がある。

㋹

バイト探してます。なんでもやります。
#裏バイト　#裏仕事　#バイト　#高級バイト

ちょっと前から完全に自分をパクってるアカウントがあるんですが、最近バイトを探し出したし「なんでもやります」とか言い始めた。

【8月3日】 #二度とエンタメの世界に戻ってこれない

「サンポー」(https://sanpoo.jp/article/akabane-nanmo/) というメディアに先日のレンタルの様子が取り上げられています。記事を書いたのはおっさんレンタル兼おっさんライターの真崎真幸さん。おっさんレンタルはいいとして、「おっさんライター」は普通にたくさんいる属性では? と心配になったけど、ちゃんと仕事があるようでよかった。

Ⓡ

金川マッコさんの代わりに東京医大性差別受験抗議の集まりに行ってくる。依頼されなければ首をつっこまなかったと思うのでいい機会。誰かに怒られたら帰ろう。政治や社会運動に一歩でも足を踏み入れた者は二度とエンタメの世界に戻ってこれないと聞くからそっちにビクビクしてる。

医大の門についたが、ここから男子学生が出てくるたびに「優遇されて入った人だ」という目で見てしまうので、男子学生にとっても理不尽な話だ。参加してみて、社会問題っぽく扱うまえに「不法行為」とみるのが大事だと思った。

【8月4日】＃大阪

「イベントバー　エデン大阪」さんからのレンタルで大阪に来た。交通費は最高額。便乗して関西での依頼をほかにも受けてるけど、東京からの交通費負担はエデン大阪さんのみ。今回の大阪滞在のスポンサーとして、僕のプロフィール欄に掲載しました。

【8月6日】＃家族の生存確認

ヨドバシ梅田でウォークマンを買うのに付き合わされた。続けて、ＪＲの窓口、阪急百貨店の化粧品売り場、梅田駅の公衆電話にも連れてかれた。なんの手伝いもせずただ近くにいただけだが、「欲しかったものが買えたし伝えたかったことも言えてよかった」とのこと。用事はかどらせツールとしてお役に立てた。

Ⓛ

昨日は急遽「大阪にいる家族の生存確認をしてほしい」との依頼が入り、関東からの指示で関西を動くラジコンとなった。無事、スタバで優雅にフラペチーノをすすっているご家族の姿を確認。写メで元気な様子を報告した。依頼者ではない人と会うの緊張するが、なんもしない人だと伝わってたので大丈夫だった。

――最近、ツイートすればするほどフォロワーが減る現象が起こっている。フォロワー数は頭打ちした感じがかなりする。メディアとしての利用を検討している人は今のうちがいいかもしれません。

【8月7日】 #愛知の国分寺

名古屋から依頼があって「おっ!」と思ったら、愛知にも国分寺というところがあり、勘違いされてただけだった。国分寺、ほかにもいろんなところにあるようなので、遠方からの依頼時には確認しないと危険そう。

【8月10日】 #激辛・未開の地NG

僕はアトピー持ちで、油と刺激物の多い外食や酷暑等により悪化しており、とくに激辛系は控えるようドクターストップかかってます。激辛の依頼をくれた方には詫びつつキャンセルさせてもらいました。当面は飲食店であっさりしたものばかり注文しますが、遠慮してるわけではないことご承知おきください。

フィリピンの漂流民族「バジャウ族」の村にレンタルされるという案件の打診もあり、前向きな返事をしてしまってたけど、それも難しそう。肌と胃腸が弱いので。しばらくは「激辛・未開の地NG」だな。

明日11日（土）、セブンイレブン杉並井草二丁目店からのレンタルで、この納涼祭にいます。16時すぎから1時間ほど、休憩所で涼む予定です。サクラっぽい役割というより、「ここで休憩できますよ」の標識的な役割で、あわよくば1人で来た人の話し相手にもなれれば、という意図もあるようです。

【8月11日】 #花火OK？ 禁止？

「手持ち花火をいっしょにやってほしい」という依頼で中野にある平和の森公園に来たけど、花火禁止になってて無念。ネットの情報では花火OKとなってたので、みなさんもネットの情報には気をつけてください。かわりにいっしょに餃子を食べて解散。

【8月12日】 #です。ラビッツ

先週大阪に滞在してたときレンタルしてきたADHDのおじさんが「レンタルADHDオジサン」というのを始めたようです。誰が使うかよという点において負けた気がする。

L－1グランプリという大会に来て「です。ラビッツ」というグループを見てくれとの依頼。L－1のLが何の略なのかはどこ見てもわからなかったが、たぶん「ライブパフォーマンス」のL。客の投票で優勝が決まり、グランプリの賞金は二〇〇万円。投票は正直にやってよい（加担しなくてよい）とのことで引き受けた。

「です。ラビッツ」は受賞を逃したけどかなり良かった。うさぎをモチーフにしてるのに会場が「ジャンプ禁止」だったことが敗因だろう。帰り道「です。ラビッツ軍（ファンの呼び名）」の後ろを歩いたが、すごく静かだった。

㋹

【8月13日】 #擦る

漫画原作者の方からの依頼。シリアスな空気の中、突然「アイスランドの男性器博物館で買ったの」と、男性器が描かれたチョコを渡してきた。それを次の方にあげてと指示された次第。「アイスランドの男性器博物館」を「駅前のコープ」くらいの感じでさらっと言ってたの、作家らしくてかっこよかった。

そういえば、先日餃子を食べる席に居合わせてた「女性向けエロラノベ編集者」の人から、最近のエロラノベには〝肉棒〟以外に〝肉槍《にくやり》〟という表記もあることを

教わり思わずメモったのを思い出した。その編集者の方、最近は「擦る」に「こす」のルビをひたすら振る仕事をしてるらしい。

【8月15日】 #依頼者は来ないし、艶っぽい話にもならない

今日これから会う予定の依頼者のアカウントが消えてしまったけど、一か八か行ってみる。……が、やはりそれらしき人は見つからなかったので、自由が丘を一人でさまようことに。フォロワー〇《ゼロ》の人の依頼を引き受けた自分が悪い。待ち合わせ場所に誰も来なかった直後に「ゴドー」というアカウントからフォローされたのちょっと面白かった。

㋹

大好きだった彼と去年別れて、未だに微妙に引きずっているのですが、一三日がちょうど別れの原因となった日から一年（彼が浮気した日）で、どうしてもひとりで過ごせる自信がありません。
　とはいえ、月曜の夜からこんな理由で友達を誘うのも申し訳なさすぎるので、もしよろしければ、一緒にお酒でも飲んでいただければ……と思います。

ライターのまにょさんからこういう依頼があり、渋谷のおいしいイタリアンへ。もし

「レンタルなんもしない人」が深夜ドラマだったらいろいろ艶っぽい展開もありそうな依頼だが、現実の場では普通に楽しくピザなどを食べて解散。

㋹

夜の一九時ごろ〜終電頃まで、新宿周りの写真を撮るのに同行していただけませんでしょうか？　ぐるぐる一緒に周り、私が写真を撮るのを見守っていただきたいです。

なぜご依頼しますかというと、私は女でしかもこの春に上京した田舎ものでして……。女が新宿周りで一人でブラブラすることに正直ビビッており、なんもしない人様という男性がいるだけでも安全度が上がるのかなと思い——

もう一つはこういう依頼でした。僕も怖い人に絡まれたらなんもできないけど、いないよりマシであることは確かなので引き受けることに。ゴールデン街、歌舞伎町、思い出横丁など、新宿の深部をじっくり歩いたの初めてで面白かった。「ファミリーマート新宿ゴールデン街店」がなんかかっこよかった。

【8月16日】 #奢られた馬券も当たる

何もわからないまま大井競馬場へ。馬を見てます。……当たった！

大井競馬場でビールと馬券を奢られた。最終レースで一〇〇円だけ買った単勝が的中（同席してた競馬新聞編集者の口から最初にでた数字を一点買い）。三〇分でお金が一〇倍になる体験を得てしまい「もし一〇〇〇円買っとれば」「一万円だったら」と、破滅に向かう人っぽい思考にさっそく陥ってるので向いてない。

【8月17日】 #少年ハリウッド

「アイドルマスター SideM というゲームのコラボカフェについてきてほしい」という依頼に同行。

㋹

「少年ハリウッド」というまったく知らないアニメのオールナイト上映に急遽つれてこられた。一話から一三話までの六・五時間をぶっ続けて見せられるらしい。つらそう。

今日見た一三話までだとかなり良いところで切られる形になってしまいました。残り（二六話まで）は来週二四日夜からでたぶんそれは見に行けない。

「ぶっ続け」と書いたけど、一時台と三時台に休憩があり、売店も遅くまでやってた

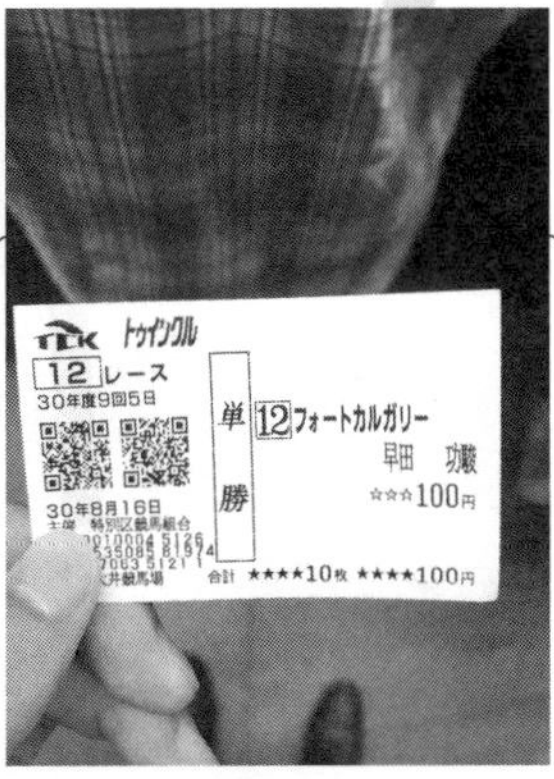

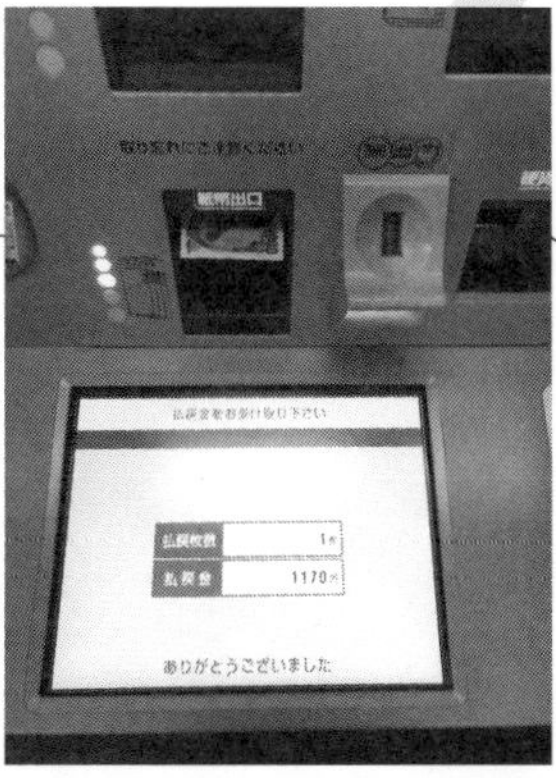

のでつらくはなかったです。僕はダニとハウスダストにアレルギーがあり長時間布製のシートに密着してるのが痒かった（自宅のダニゼロックというタイプの布団なら大丈夫）けど、そういう特殊な事情がなければ大丈夫と思います。

【8月18日】 #まずは密猟から

今日はＭ－１グランプリを見るよう呼ばれてきましたが、満席で入れず並んでいます。無事入場できました。依頼の都合上一ブロック見ただけですが、その中では「猫塾」が面白かったです。Ｌ－１、Ｍ－１と、グランプリの依頼が続いてて、あとはＢ－１とＦ－１がくれば自分の中ではコンプリートです。

依頼者のコンビ「その後のチャッピー」は残念ながら敗退。レンタルなんもしない人に応援効果はまったくない。同じ日に僕の妻のお兄さんのコンビ（プロ）も出てたことをいま知った。見事通過してた。鉢合わせなくて本当に良かった。

㋹

「ここでしか聞けない話～コアフォー～」というイベントに呼ばれました。相撲とＭＬＢに詳しい人、昆虫に詳しい人、クイズ番組とラジオと金田一に詳しい人、アニメとポケモンに詳しい人の四人がコアな話を聞かせてくれるそうです。昆虫に期待。

かなり面白かった。金田一コアの人が〝大量のコノハチョウで死体を覆い尽くすという無理のあるトリック〟を紹介し、こんなん無理ですよね？　と昆虫コアの人に聞いたら「コノハチョウは天然記念物なのでまずは密猟からですね」と即答してて、この会ならではの盛り上がりがあった。

【8月19日】#宝塚ＢＯＹＳ

「友達が来れなくなったけど空席は申し訳ないから席を埋めてほしい」との依頼。宝塚歌劇団にかつてあった〝男子部〟が題材の舞台でした。

依頼者、「宝塚BOYS」は公演初日からもう何度も見てるという本気の人だった。当然オペラグラス持参。舞台の端の微妙な動きにも着目してて、一度見ただけでは気づかないであろう見所を教えてくれたりもした。僕としては無料で観劇できるうえにこういうサービスまで付いてきて最高だった。

【8月21日】#いっぱいもらったよ

ツイッターのタイムラインを最上部まで強制的にバーってスクロールさせるやつやっても「ロックマン」の字面だけは見落とさない体になってる。ロックマンは敵から攻撃うけるとしばらく体が点滅してその間は何されても全然ダメージをうけない。これ利用したら「敵が大量にいるゾーン」や「触ったら即死するトゲがびっしりあるゾーン」も進めたりできるんですが、これ人間の実生活にも応用できるの三一歳くらいで知ったな。もう少し早く知りたかった。

Ⓛ

いろんな物をもらいすぎて、手渡されたものはなんでももらえるものと思ってしまうクセがついてきてる。このまえ舞台の開演前にパンフレットを見せてくれようとした依頼者に「え！　いいんですか!?」と、もらうつもりのテンションで言ってかなり困らせてしまった。

——これまでで交通費の最高額はエデン大阪さんの「国分寺～なんば間」だけど、交通費以外のお金でいえば「メタルマクベス」という舞台に連れてかれたのが一三六〇〇円で最高額と思われる。劇団☆新感線の舞台で、このくらいするもんらしい。依頼者はリピーターの方で、奢りの合計額は恐ろしくて計算してない。

——あ、より高くついたのありました（が、諸事情によりあまり公表しないのがよさそうなので詳細は割愛。その人に申し訳ないので念のため言及）。

——いっぱいもらったよ系のツイートを連発しちゃったけど、いっぱいくださいねという圧力をかける意図は決してなく、引き続き「ひたすら並ぶだけ」の依頼から受け付けていますので、お気軽にお声がけください（そろそろ本気の閑散期です）。

【8月22日】 #野球観戦

今日は東京ドームで野球観戦です。とくに応援とかせず座ってればいいとのことで助かる。

日本ハム対ソフトバンク戦。一応気持ちだけ応援してた日ハムは九回に逆転負け。でも清宮選手のヒットを撮れたり、清宮選手の逆転三ランをみれたり、本気の日ハムファンの依頼者による丁寧な解説もあったり、めちゃくちゃ楽しかった。そしてたまたまふらっと来た人間を一発で魅了してくる清宮選手はすごい。

依頼者の三〇一さんに聞いた「野球観戦慣れてる人の見わけ方」。大きなフライが上がったとき、外野の動きを静かに確認する人は慣れてて、打球を目で追ってる人は日が浅いとのこと。なお、日が浅い人を下に見るわけではなくむしろ「ありがとうございます（来てくれて）」の念を送ってるらしい。

【8月24日】 #二次元＋三次元＝五次元

今日はさいたまスーパーアリーナで行われる「Animelo Summer Live 2018 "OK!"（通称、アニサマ）」へ。「DearDream」という二・五次元アイドルグループに向けてペンライトを振るよう言われています。DearDream は知らないけど、ペンライトを振ったことはあるので大丈夫です。二・五次元と書いたけど、正確には二次元＋三次元で〝五次元〟とのこと。

――アニサマ楽しかったいきおいで先日の続き「少年ハリウッド」のオールナイト上映へ。私用、自腹。

【8月26日】 #なんもしないが試される

えむらさんからの依頼で、一軒家かりてカレー食べる会合に混ぜられ、ダラダラしてました。ダラダラしててという依頼、楽勝と思いきや、片付けとかみんな頑張ってる時間ではまさに〝なんもしない〟が試される。本当に一切手伝わなかったが、誰も何も言わず、やさしい人たちで助かった。

【8月27日】 #おむつ

レンタルなんもしない人さん一三時半までにすぎてもいいです　外苑前これたりしますか（涙）　友達がバレエ一緒に見る約束してたけど来れなくなってしまって席空けたくないくて　でもギリギリすぎて頼める人いないので連絡して見た次第です（涙）

めいさんからの依頼でバレエを鑑賞した。推敲の痕跡がみられない依頼文から切実さが伝わってきたため予定を強引に調整して引き受けた。バレエも良かったが、依頼者のトークのほうが印象としては強い。プロフィールみると一個目から「おむつ」で、特性の濃さがインフレを起こしてる。

【8月28日】#キャンセル自由

「井の頭公園のボートに一緒に乗ってほしい」との依頼があり、しかし急遽面接が入ってキャンセルに、ということがあったんですが、誰かとの約束をキャンセルして臨む面接は頑張れたとのこと。「レンタルなんもしない人」の効果とするにはやや苦しいが、キャンセル自由なのでこういう使い方もあります。

Ⓛ

「ポエトリーリーディング」のライブに出演します。渡された詩を読み上げるだけと聞いたので了解したのですが、思いのほかちゃんとしてそうでビビってる。

なんもしない人に詩を読ませることで、作者と作中主体を完全に切り離せるのでは？という試みらしい。僕は軽い吃音障害もってるしそんな高度な実験の材料になれる気しないですが、ほかの出演者はポエトリーリーディング熟練の方々だと思うので、興味ある人はぜひ。

Q 「なんかするんですね」

A 「なんもしない」は主観的なものです。

【8月30日】 #セーフを祈る

よく、写ってる人全員がノリノリで、なんの気兼ねもなく各々のポーズとって笑ってる写真を見かけるけど、自分が集合写真とられる場にいるときにそういう感じになったこと本当に一切ないので、もしかして自分のせい？ と思うことがある。

僕は撮られるとき〝セーフ〟（目をつむってないとか）を祈ってるんですが、人によっては〝ポイント〟をとりにいってるということなんでしょうか。とするとそれまで皆がローテンションなのは「チャンスに備えて力を温存してるんだな」と納得できる気がしてきました。

Ⓛ

昨日は初めてフェイスブック経由で依頼があり「哲学カフェ」に参加。結論は出ず、ふわっとした話に終始したが楽しかった。

【8月31日】　#かわいいねぇ

私は幼い頃からモモンガが大好きでつい最近生まれて初めて生でモモンガを見ました。その後すぐ年パスを購入し、モモンガが見放題なのですが、先日一人で行った際、「わーかわいい!!!　かわいいねぇ!!」と声に出して言えないことに気がついたのです。
そこで、レンタルさんに隣にいてもらうことで、思う存分「かわいい」を言えるのではないかと思い依頼させていただきました。一緒にモモンガコーナーにいて、たまに反応していただければ幸いです。

今日は上野動物園にきてます。ちゃろめさんからの依頼。依頼者がモモンガを見て「かわい〜！」と叫んでるのを見守った。「一度ほかのを見て〃かわいい〃をチャージします」と、ハリモグラやツチブタなどをざっと見て回り、またモモンガのところに戻って「かわい〜！」とやってたのが面白かった。

5 9月：「友人の見送り」をレンタルしたいです

【9月1日】 #福岡

レンタルなんもしない人としては初の空路。福岡に向かいます。

【9月2日】 #ドゥーイングナッシングマン

かなり依頼をもらえたおかげで本当にご飯を食べる時間がなくて、依頼者からもらった通りもんをいま食べてる。通りもん尋常じゃなくうまい。

昨日は燐さんからの依頼で映画「銀魂《ぎんたま》2」をみた。人生において銀魂はなんとなく避けてきてたんですが、みたらみたで楽しめた（ただ避けたくなる要素もちゃんとあり、そこをスルーできる精神状態だったのも幸いしたと思う）。福岡まできてなぜか銀魂をみてるというのもなんか面白かった。

㋹

ゆーちゅーばーGENKIさんによばれて英会話カフェというものに参加した。何もしなくていいと言われてたのにガッツリ英語しゃべらされて半泣きになったが結局楽しかった。レンタルなんもしない人を英語で説明するの難しい（適当にドゥーイングナッシングマンとか言ってもざわつくばかり）。

【9月3日】 #引っ越しを見送る

レンタルさん　はじめまして！　9月3日は空きがあるでしょうか？
今度10年住んだ東京を離れて、地元の大阪に引っ越しをするのですが、もし空いていたら「友人の見送り」をレンタルしたいです。

「引っ越しを見送ってほしい」との依頼。友達だとしんみりしすぎてしまうため頼んだとのこと。元の部屋〜東京駅だけの付き合いだったけど、いろいろ楽しい会話もあり、演技のない名残惜しさで見送れた。自分としても、こういうことする関係の友達いないので得がたい経験だった。

依頼者、鍵アカの方なんですが「DMのスクショ公開はOK」とのことで、もらった感想の一部を掲載します。内容的に手前味噌になるけど、せっかく書いてもらったしということでご容赦を……。

これから旅に出る感があってワクワクしました〜　いつも自由に動きたいから一人行動ばかりなんですけど、付き合ってもらえる安心感ったらなかったです。

レンタルさんが家にいるシュールさもめちゃくちゃおもしろかったし、一〇年住んだ場所を離れるのに知らない人にお見送りされるのも楽しかったし、変に寂しい気持ちにならなかったのもなにもかも本当によかった〜

引き払い立てのなんもない部屋になんもしない人がきて二人で会話する状況は、自分としても非日常感が凄かったです。

【9月7日】 #朝ご飯
僕はめっちゃ些細なことを気にする、性格に難ありの、今年三五歳になる妻子持ち、世間的にヤバい人間なんですが、そういう非社会的なことを許してくれそうな感じのする人からの依頼をなるべく引き受けてるところはあります。厳しそうな人からは距離をおくことで「リアル怒られ」を未然に防いでます。
文字で怒られるのはいいけど、対面で怒られることは一生ないようにして生きていきたいな。対面で怒られるのはムカデにさわるのと同じくらい嫌すぎるので……。

㋹ 福岡に行った日の夜中に「一緒にご飯いきたい」と依頼があり、翌朝すぐ帰るのでかなり早い時間の朝ご飯なら……とダメ元で言ったら「それでいい」ってことで、学生さんと朝ご飯をご一緒した。昼や夜は初対面の同席もそんな珍しくないと思うけど、朝はなかなかないもんだと思うので面白かったです。

㋹ 「引っ越しの見送り」の依頼が反響すごくてありがたかったけど、依頼の面白さのハードルが上がってしまうのは心配になる。さっき紹介したような単に飯をともにするだけの依頼も引き続き歓迎です。ツイッターアカウントの向こうから実在の人間が現れてくる時点で自分としてはだいぶ面白くて飽きない。

【9月8日】 #会社員ではありません

「ペットの写真を送るのでそれを見て『信じられないぐらい可愛いですね』と言ってほしい」という依頼。こういうDMで完結する依頼も、文言指定

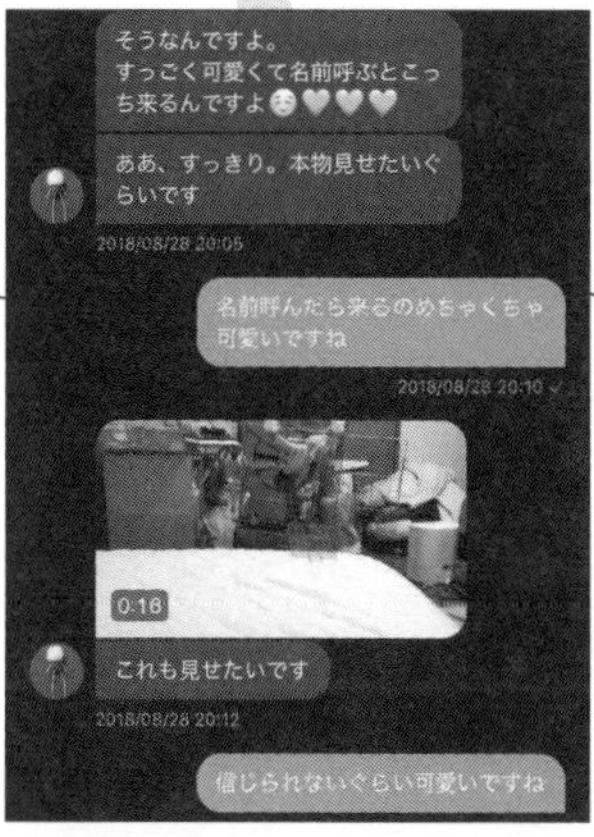

なら引き受けてます。途中で動画をはさんできたり、最後に自分の顔を送ってきたりと変則的なことされたけど、指定の文言を無心で返しとけばいいので大丈夫です。

㋹

レンタルなんもしない人、開始した六月から一日平均一万歩をキープしてる。お金にはならないが健康にはいい。

Q「コミュニケーション能力高そうで羨ましいです」

A コミュニケーションはこちらから積極的にとるということはなく、ごく簡単な受け答えに終始してるので、そんな高い能力は発揮してないです。

Q「ピクニックの写真を撮る、というお願いをしたい……。飲食代がお弁当になるけどいいのかな……？」

A 説明には「飲食代」と書いてますが「飲食物」でも大丈夫ですし、かならずしも飲食がともなわなくても大丈夫です。

Q「レンタルなんもしない人さんは本当に会社員なのですか？」

A 会社員ではありません。レンタルなんもしない人専業です。

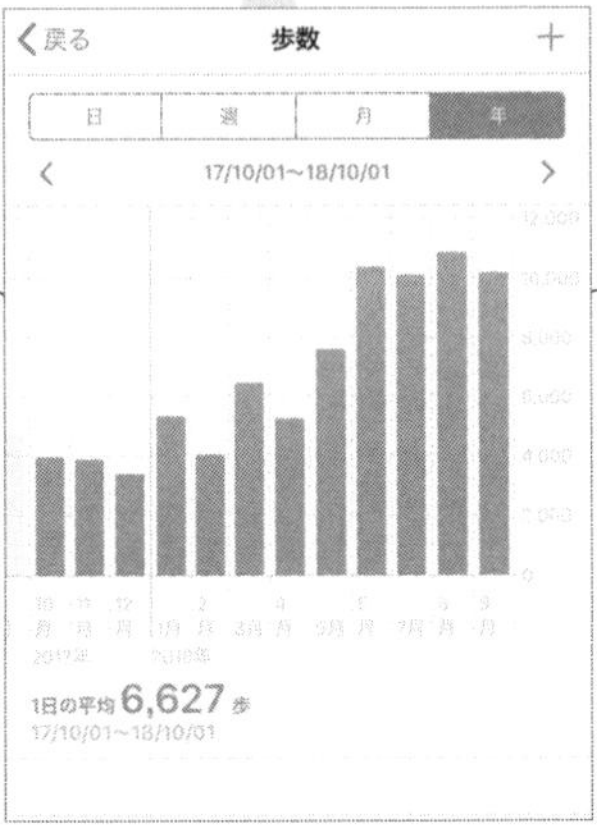

【9月9日】 #クリームソーダ

「喫茶店で一緒にクリームソーダを飲んでほしい」との依頼。急な依頼だったけど急に飲みたくなったわけではなく、つねづね飲みたいと思っていたとのこと（依頼者は男性。一人のときも友達とのときもクリームソーダは注文しづらいらしい）。僕もそうなので、この日は二人で堂々とクリームソーダを堪能した。

【9月10日】 #人がくることで部屋が片付く

Q 「ポートレイト撮影の練習台になっていただくことは可能でしょうか？ 特別ポージングは必要なく、自然な感じで撮らせてもらいたいのです」

A 可能です。何かの練習台としての利用も、危険がともなわなければOKです。過去には「タロットの練習台」「映像撮影の練習台」「知らん人に手料理を食べさせる練習台（飲食店開業をこころざす人からの依頼）」などがありました。「騎乗位の練習台」という依頼もあったけど、それは不貞行為になるのでお断りしました。

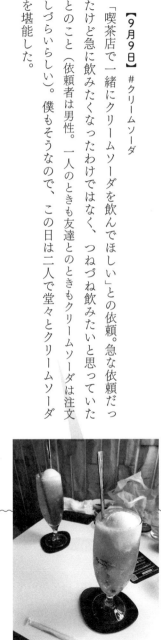

「在宅での仕事があるが、一人だと怠けちゃうので同席してほしい」という依頼。見張ってなくとも、近くに人間がいるというだけで全然違うらしい。こういう依頼は開始当初から結構あり、オーソドックスな利用シーンになりつつある。「人がくることで部屋が片付く」という副次効果もいつも通り観測された。

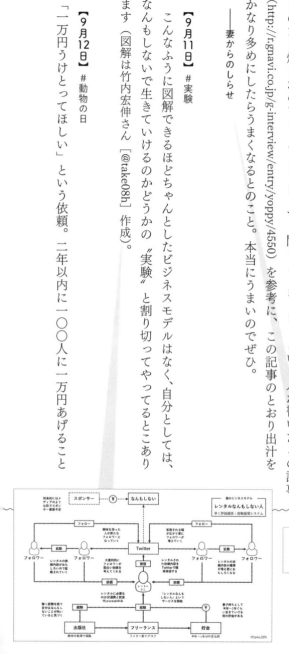

僕は適当にだらだら過ごしたうえ、昼食に手作りのたこ焼きをごちそうになった。このたこ焼きがめちゃくちゃうまくて、聞くと、ヨッピーという人が書いたこの記事（http://r.gnavi.co.jp/g-interview/entry/yoppy/4550）を参考に、この記事のとおり出汁をかなり多めにしたらうまくなるとのこと。本当にうまいのでぜひ。

――妻からのしらせ

【9月11日】 #実験

こんなふうに図解できるほどちゃんとしたビジネスモデルはなく、自分としては、なんもしないで生きていけるのかどうかの〝実験〟と割り切ってやってるとこあります（図解は竹内宏伸さん［@take08h］作成）。

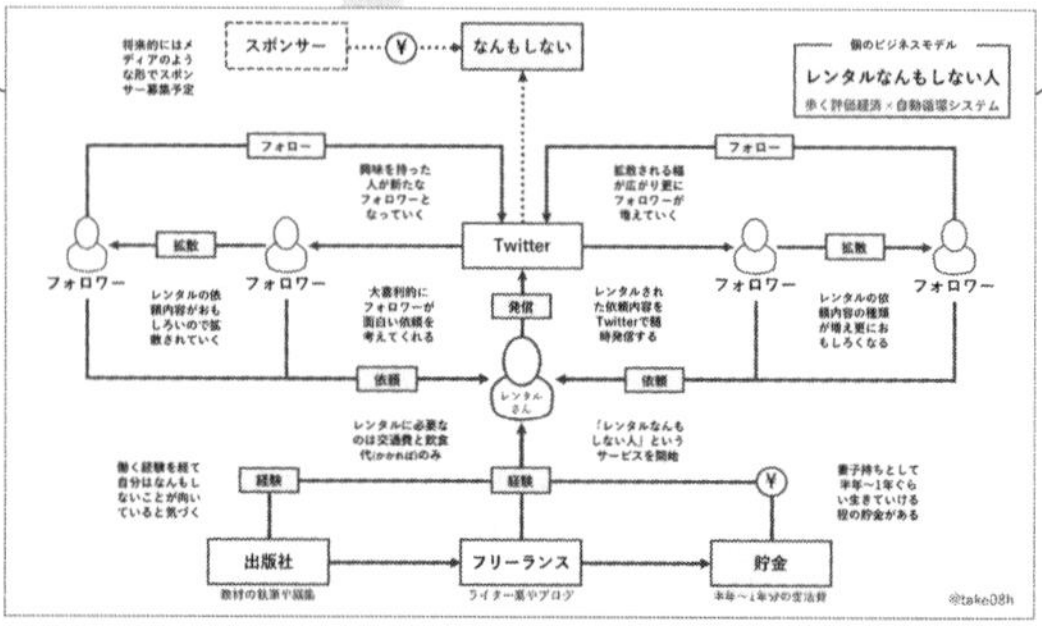

【9月12日】 #動物の日

「一万円うけとってほしい」という依頼。二年以内に一〇〇人に一万円あげることをめざしてるとのこと。僕は人からお金の心配をされるたびに「まあなんかわけのわからない経路でお金って発生するんじゃないかと思ってます」とかなり強がって言ってるんですが、本当にわけのわからないお金がきて興奮した。

㋹

「水族館に行きたいけど、ちょうど誕生日ということもあり一人は寂しいから一緒に行ってほしい」という依頼。自分としては「せっかくの誕生日にいいのかい……？」という気持ちもあったが、楽しんでもらえたようで良かった。誕生日だからといってプレゼント等は用意してない(逆にパスタを奢られた)。「空飛ぶペンギン」を見た。

㋹

「最近つらい気持ちになることが多く、改めて生きる気持ちになれる場へ行きたい」との依頼でアニマルカフェ「コツメイト」へ。依頼者がハリネズミ、モモンガ、カワウソとふれあうのを見守った。カワウソは急に立ってビビる。アルビノのカワウソはミュウツーっぽい。今日は水族館いく依頼もあったので、動物の日だった。

【9月13日】 #結構忙しいのですか?

Q 「依頼者の年齢層はどのくらいの幅がありますか?」

A あんまり聞いてないし、聞いても覚えられないのでよくわかりませんが、一八~七〇歳ぐらい幅広いと思います(基本、未成年からの依頼は受けてないのですが、知らずに会ったら未成年で冷や汗をかいたことがあります)。年齢の壁については、知ってる歌手とかで感じることがあります。

Q 「依頼者と会話がまったくできないことはありますか?」

A たぶん話の合わない人もいると思うけど、「なんもしない人」として会ってるので、そこまで踏み込んだ会話は求められてなくて、そのおかげか今のところ気まずくなったことはほぼ無い気がしてます。

Q 「トークイベントへの参加のご依頼は可能ですか?」

A トークイベントに無言で参加は可能です。聞かれたことに答えるくらいまではできます(こちら側が起点となって気の利いた発言をするということはできかねます)。

Q 「結構忙しいのですか?」

A 毎日何かしらあり、日によっては二~三件重なることもあるという感じです。

「大衆演劇を一緒にみてほしい」という依頼。立川けやき座という劇場へ連れてこられた。異世界……。一人でも平気っぽかったが、このレンタル活動への興味もあって依頼してきたっぽい。大衆演劇、わかりやすくて面白かった。特に「おひねり」という文化がすさまじい。一〇万円ほどの札束がねじこまれるさまは本編より見ごたえある。シャネルのおひねりもあった。

【9月14日】 #人違い

先日依頼者との待ち合わせのとき人違いをした（「格好は派手なロングスカート」と言われてて、それっぽい人に声かけたら違った。さーっと立ち去られた）。対面時にはいつも「なんもしない人です」と声かけてるんですが、その人は突然知らない男から「なんもしない人です」と声かけられて怖かったろうな。

その人、そのあとすぐ友達と合流して、こっちをチラチラ見ながらめっちゃ報告してるようでした（たぶん「やばい人から声かけられた」的なこと）。恥ずかしかったし申し訳なかったです。僕は遅刻してきたということもあり結構な早歩きで近づきながらの「なんもしない人です」だったので、本当に怖かっただろうなと思います……。

㋹

今日は渋谷の治安悪そうなところにある「七面鳥」という店に呼ばれ、依頼者のライブパフォーマンスを見守る。よく「レンタル活動で危険な目にあったことは？」と聞かれて、とくにないですと答えてるけど、しいていえば渋谷のこのあたりに行く依頼は緊張感高い。

現場では「動画もとって」と頼まれて戸惑ったが、品質は問わないとのことで了解した。〝ついで〟ならいろいろやることもあるけど、依頼の主目的が「動画とって」だとNGです。線引きがややこしい旨ご了承ください。「いいアングルでとか映像的な何かを要求」はもちろんNGで、「スタート・ストップ押すだけ」も、それを主目的とした依頼ならNGです（同行してほしいという依頼で、たまたま話の流れで動画とることはあり得る、という感じです）。

――ゲームの人数合わせは「ゲーム」ではなく「人数合わせ」に主眼があるのでOKです。ただ最近はあまり気乗りしなくなってます。「なんもしない」は固定的な定義があるわけではなく、飽きたりとかでいろいろ変動します。

――ただ、嫌なときはちゃんと「嫌です」と言えるので、なにか頼みごととかあれば遠慮なく言ってもらって大丈夫です。

【9月15日】 #地味な依頼

ここ最近でいちばん地味な依頼です。

Q「地味な依頼なら料金発生しないのですか？」

A そもそもどの依頼も諸経費の実費請求のみなのでいわゆる「料金」はとってません。何時間いくらとかもないです。お金は儲からないですが、お金以外が儲かってます。

Q「この依頼、地味だが責任重大ですし、『なんもしない』ではないですね」

A 俺の「なんもしない」は俺が決める……！

Q「ボランティアで朝から早起きしてこんなことしてるんですか？」

A こういう依頼ばっかりではないですし、ボランティアでもないです。

Q「依頼で怖いことや緊張することはありますか？」

A 多少緊張することはありますが、怖いのは依頼の段階で断ってるので、日々おだやかに過ごしています。

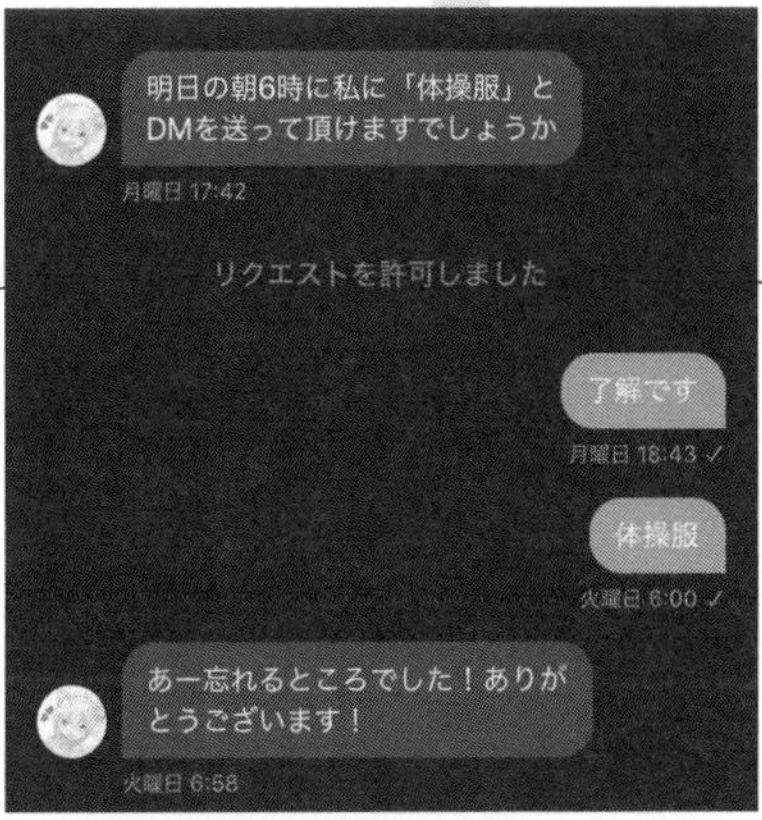
明日の朝6時に私に「体操服」とDMを送って頂けますでしょうか
月曜日 17:42
リクエストを許可しました
了解です
月曜日 18:43
体操服
火曜日 6:00
あー忘れるところでした！ありがとうございます！
火曜日 6:58

【9月16日】 #ウルトラマン

「ショーをみにいきたいから付き添ってほしい」という依頼で、ウルトラマンのヒーローショーに連れてかれた。会場はモデルハウスの展示場。家族連れがほとんどで、一人で行くのはたしかに心細そうだった。依頼者はいわゆる〝ガチ勢〟で、終始静かにカメラを構える姿がかっこよかった。

㋹

DMで完結する依頼、NGではないけど最近は多すぎてめんどくさいので断りまくってます。明日受験の人を前にしてもめんどくさいのでご理解ください。

【9月17日】 #朝ごはんが食べれない

知らない駅でなんもしない（単純に依頼者が来ないため）。

もうしばらく信じてみますが、どうせなんもしないので大丈夫です。

「朝ごはんを一緒に食べてほしい」という依頼をくれた人が待ち合わせ場所に現れなかったので朝ごはんを食べれてない。今日はいつにも増して無気力な感じになりそう。

一個依頼がなくなったおかげで、行けたら行く系の依頼が行けることになったので、ドタキャン自体は全然問題ないです。

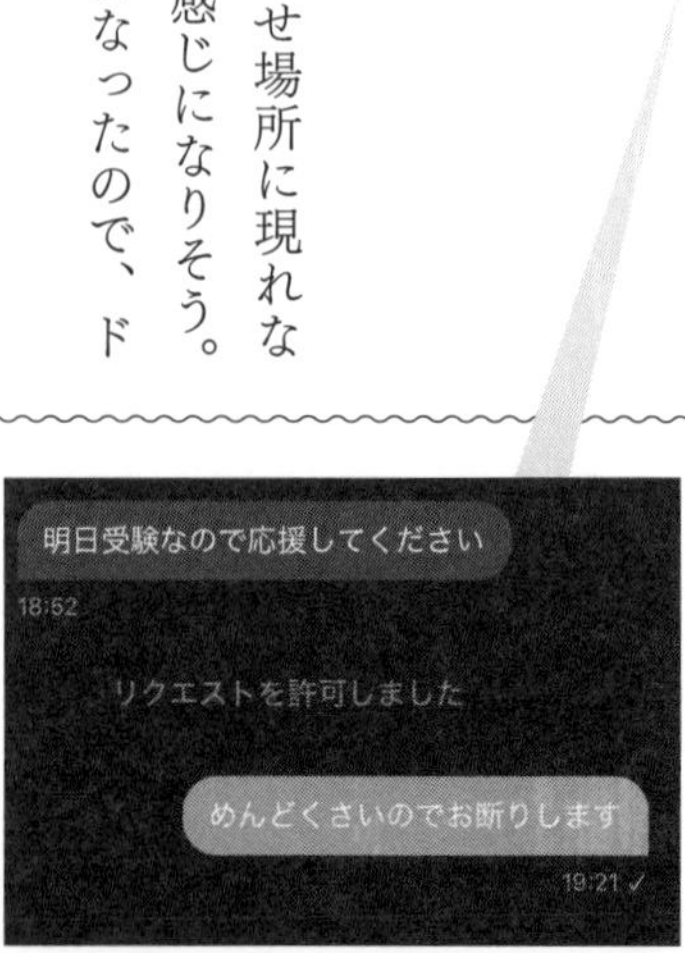

Q　「連絡ナシでドタキャンしても大丈夫なんですか？」

A　これまで連絡はもらっています。次回の申し込みについては都合があえば大丈夫ということにしてあります。アリかナシかの線引きをするのがめんどくさいです。

Q　「東北や九州などでも交通費を用意すれば来ていただけるのですか？」

A　交通費がもらえれば遠方も大丈夫です（先月は大阪、今月は福岡に行きました）。ただ、胃腸が弱いので、ある程度の文明があるところに限ります。

九月一五日の依頼の件、体操服は忘れず持っていけたみたいなんですが、行きのバスの中に置いていってしまったようです。そのせいか分からないですが、「一五時に『事務室』と送ってほしい」という追加の依頼も発生しました。

【9月18日】 #身の上話をきいてほしい

さっき帰りの電車のホームで横に並んだ人に「あ、レンタルなんもしない人さん」と声をかけられ、そのまま一緒に電車に乗って帰る、ということがあった。声をかけられたのはこれで三回目。依然としてめちゃくちゃうれしい……。

大人の男性の部屋で幼児向けアニメーションを布教されてる。Eテレ「いないいないばあっ！」の録画もみせられた。画像は「うーたん」という操り人形のキャラが舞台から降りてきた〝レア回〟（舞台から降ろすと操る糸がないので動かせなくなるため、うーたんはただの人形になる。そして「死体」を揺らすシーンが）。日本中のママさんがざわついたらしい。

「身の上話をきいてほしい」という依頼で立川の昭和記念公園へ行き、話をききながら散歩した。途中の売店で迷わずクリームソーダを購入（先日の依頼の影響）。男二人でクリームソーダ片手に散歩するのなかなか気分よかった。

【9月19日】＃ベビーカー

ベビーカーの幼児と買い物をしたいのですが、私のトイレや試着の際にベビーカー（と子供）の見張りをしてもらいたいです。あやしたりする必

要はなく見張るだけで結構です！　平日に吉祥寺でお願いしたいなぁと思ってます。

「ベビーカーの子供を連れての買い物につきそってほしい」という依頼。一人だと店内の移動や自分のトイレが結構大変……というのは僕も子供いてわかるところだったし引き受けた。依頼者いわく、見ず知らずの人には頼めないけど、信用できる共通の知り合いがいることが判明して安心して依頼できたとのこと。

――いまさらだけど国分寺駅までの定期買っとけばよかったな……。今から買ったら途端に依頼こなくなりそうで買えない。

㋹

ある依頼で、カンボジアの首都プノンペンに行ってきます。滞在期間は一〇月八日(夜)～一三日です。「トークンハウス」というシェアハウスにいればいいそうです。ぜひ遊びにきてください。

【9月20日】　＃一瞬だけ思い出してほしい

変なお願いなのは承知のうちです。とくにお会いするというわけでもございませんが、一瞬で大丈夫なので思い出していただければなと思います。

明日明後日の休日が突然なくなった新社会人の応援と思っていただければ——

「明日か明後日、自分のことを一瞬だけ思い出してほしい」という依頼。何度読み返しても飲みこみきれないが、本当にただ思い出すだけでいいとのことで引き受けた。ちゃんと思い出してたことを後日報告したところ、効果あったようで安心したけど、なんとなく余計心配になった気もする。

【9月21日】 #退屈を感じない

元女子プロレスラーの南月たいようさんを中心としたイベント「たいよう祭2」を見せられた。「時間つぶしに付き合ってほしい」という依頼をくれたけんちょさんと一緒に来ました。依頼者を連れて別の依頼者のところに行くというイレギュラーパターン。

女子プロレスラーの人が「いくら殴られてもアドレナリンが出てると痛みを感じない」と言ってた。僕もレンタルされてる最中は、アドレナリンのせいかどうか分からないけど、いくら何もしてなくても退屈を感じない。なので心置きなく放置してもらって大丈夫です。

【9月22日】 #我々には時間がない

自分の身に起こったレアな出来事に対して「おー、すごいね」と言ってほしいという依頼。今年ひいた二枚のおみくじが一言一句おなじだったとのこと。本当にレアだと思い引き受けた。おみくじに「もういっかい言うね」をやられるの、すごい経験だと思うし、この人は今年絶対にこの運勢なんだろうと思った。

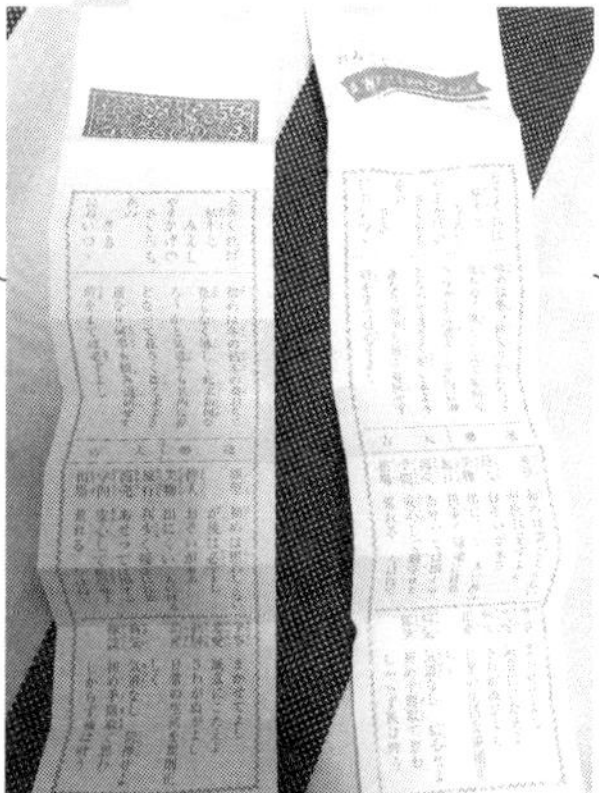

今日はカラオケボックスにて九人の女性からジャニーズのＤＶＤを七時間くらい見せられます。増田貴久さんと手越祐也さんが凄かった。テゴマスやっぱり凄い。

ゆうやー！／おかえりー！／顔がいい／ジュニアの使い方が天才
ハイパー宗教タイム／ファイナルファンタジー！／我々には時間がない／有限
あ〜好き／わたし産みたい／どしたの／水分

掛け声のバリエーションが豊かだったので思わずメモってた（一部抜粋）。
ジャニーズ事務所に入るには小五くらいからがいいとのこと。もっと早くからがいいのではと思ったけど、目標が遠すぎるのはよくないっぽい。勉強になる。

【9月23日】 #本気で推す

今日はカラオケボックスにてミュージカル「テニスの王子様」(通称、テニミュ)のDVDをマンツーマンで延々と見せられます。二夜連続で布教。依頼者はリピーターの方で、前回が銀魂でした。僕には苦行じゃないからこれ向いてるんだと思います。依頼者は推しが沖縄弁で言ったセリフを初見の僕にも伝わるように、標準語への同時通訳までしてくれた。本気で推すってこういうことなんだろうな。

【9月24日】 #面白い船が集まる港

この「レンタルなんもしない人」という活動、「新手のヒモ」「新手の乞食」「単なる無職」など散々な言い表し方をされることが多くてよく気が沈むんですが、以前出たAbemaTVの番組で、ふかわりょうさんが「面白い船が集まる港」と表現してくれて、それを時々思い返すことで気を保ってるとこある。

「貯金がある」「家族が応援してる」といった条件をつけて「良し」とされることが多いので、あえて言いたいのですが、貯金がなく、家族が反対してても別にいいじゃないかという気持ちもあります。人類の営みをすべて「飯の種」と捉えなければ気が済まない思考回路っぽい人には「自分はライター業をやっていて、今は取材に集中している段階と言える。交通費や諸経費の負担なしにいろんな経験ができるんだから、取材のやり方としてうまいでしょ」みたいに説明してます。㋹

「自分の第一印象を教えてほしい」との依頼があった。たしかに友達には頼めないし、これから知り合う人も、今後の付き合いを気にして本心を言わないかもという意味で、なんもしない人の出番という感じがした。ただ心の準備ができてなかったので（依頼文では伏せられてた）「女の人だ」しか言えなかった。㋹

【9月25日】 #東京のほうの小川町

九月二三日に二日連続で布教を受けてると書いたが、その翌日に受けた「話をきいてほしい」の依頼で「くまのプーさん」を布教されたので結局三日連続だった。プーさんが雨雲に変装して蜂蜜を盗ろうとするも酷い目にあう回が推しらしい（依頼者はその回のこと思い出しただけで爆笑してた）。プーさんが爆笑コメディだったの知らなかった。㋹

今日は朝から猫が四匹いる部屋に招かれてなんもしてない。ひたすらかわいい……。「部屋で一緒にぼーっとしてほしい」という依頼でした。猫四匹と引きこもりながら「キングオブコント2018」を見るの楽しかったです（ちょうど見逃してたところだったので助かった）。

㋹

今晩は、みやまんさんから依頼されて、小川町（埼玉の）の焼き鳥屋「くろまさ」の焼き鳥を食べさせられてます。わざわざお金をかけてなんもしない人に食わせるだけあっておいしい。最初、東京のほうの小川町に行ってしまい、二時間近く遅刻したけどまったくとがめられることなく奢られてる。

ただの一般人で「フォロワー三万人」というのはやはりすごいらしく、今日も焼き鳥屋のほかのお客さんとかにもチヤホヤしてもらったりした。年初にやった「たなくじ」（爆笑問題の田中さんがやっているおみくじ）が本当に当たりそうでニヤけてしまうけど、こういう時期から転落していく人をいろんなフィクション作品で見てきたので気を引き締めたい。

人形作家の西村勇魚さんから「お顔を作らせてください」と依頼があり、カラオケボックスでなんもしてないところの顔を彫られています。

――四時間経過。真剣になんもしてないところを真剣に彫られてる。「なんもしないとはどういうことか」といった哲学的な会話も発生したりしているが、DAMチャンネルがいい具合に空気をゆるめてくれている。

【9月26日】 #朝起

今晩は新宿の思い出横丁にある「朝起《あさだち》」という店に連れてかれて、金玉、鮫の心臓、カエルなどをごちそうになってます。ゲテモノと聞いてたのでビビってたけどめちゃくちゃおいしい。普通の料理もあり、普通の魚の横でカエルが焼かれてるのが面白い。

――これ、「一人では行きづらいし、友達を誘っても誰も来てくれない」とのことで、このサービスど真ん中の依頼だった。自分の職業のど真ん中にゲテモノや珍品が位置してる事実に多少ショックをうけたけど、依頼者は「ずっと行きたかった店に行くきっかけになった」と喜んでたので良かった。めちゃくちゃおいしかったです。

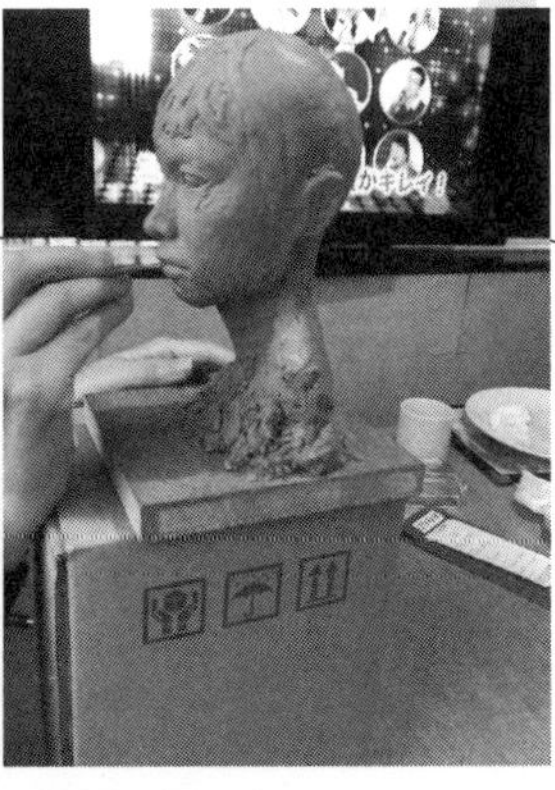

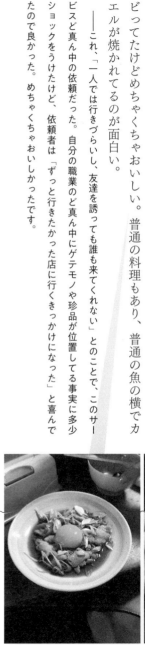

【9月27日】 #地味なやつほど反響が大きい

明日は横浜のホストクラブに呼ばれてホスト側になります。本格的な接客はたぶん求められてないはずですが、何かしらの簡単な受け答えはできると思うので、お近くの方はぜひ。

Q 「あまり珍しくもない依頼になりそうなのですが、それでも良いですか？」
A レンタルなんもしない人への依頼については、地味なやつほど反響が大きいという謎現象があるので、ぜひ。

【9月28日】 #何円からでもスポンサー

今週ずっと頭の中で「チャンカパーナ」のサビが流れてるので、カラオケボックスを使った布教活動は効果が高い。今日も信号待ちのとき手越祐也が今どうしてるかとか考えてしまった。

そういえばDすけさんから「スポンサーになりたい」と言われ、五二〇円を渡されました。何円からでもスポンサーになれます。

㋹

「服を買うのについてきてほしい」という依頼があった。依頼者はメンズの服を取り入れるのが好きな女性の方。一人でメンズコーナーを物色するのは抵抗を感じるため男の同行者がほしかったとのこと。女性がメンズ着るの、もちろん店員は想定済みだけど、それでもやはり一人では居心地の悪さを感じるらしい。

【9月29日】　#ホストクラブ

なんか書かされてる。

アヤトさんからの依頼で、ホストクラブの体験入店をさせられた。ひたすら楽しかったけど、書いていいことよくないことあるそうで、その確認が面倒だしとりあえずなんも書かず店の人たちのツイートをみかけ次第ＲＴする方式でいきたい（ザ・ホストクラブな写真だけ載せとく）。

キャップ、Ｔシャツ、チノパン、スニーカー、リュックという格好でホストをやった人あんまりいないだろうから自慢にして生きていきたい。

――「スポンサーってことで」と、かなり多めの交通費を渡された。スポンサーになってもらったからといってとくになんもしないですが、もらえるものは躊躇なくもらっていきます。

Ⓛ

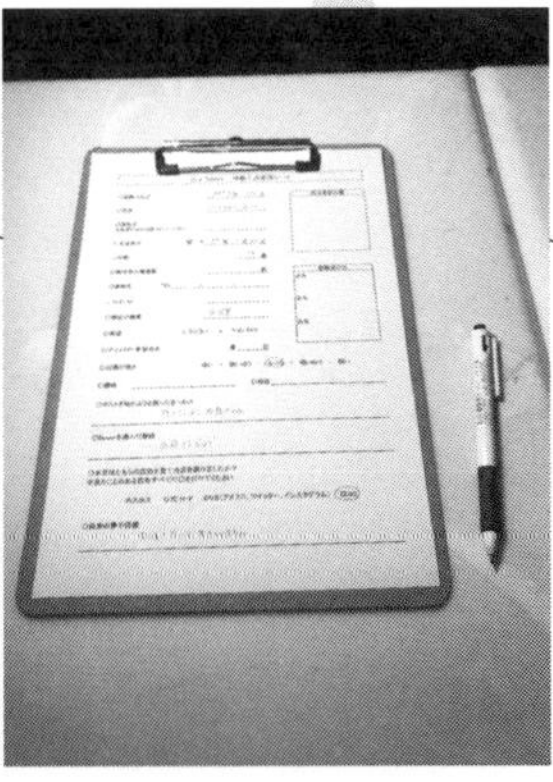

「バスタ新宿から小竹向原まで一緒に移動して頂くことは可能ですか？」というシンプルな依頼。道案内はしなくてよさそうだったので引き受けた。とりあえず誰かついてきてほしい気待ち、わかる。それだけのために金払って人呼ぶ？ と思うかもしれないけど、〝変なことしてる人に会ってみたさ〟もミックスされてたもよう。実はそういうケースよくある。

㋹

今日は「アイカツフレンズ！」というやったことないゲームの大会に参加させられます（「フレンズ」ということで、二人ペアじゃないと参加できないらしい）。カードの入ったバインダーを渡されて、ハンターハンターのグリードアイランド編みたいなワクワク感がきてる。

——結果、ベストフレンズというものに認定されました。

依頼者の目的は大会に参加した人だけがもらえる二枚のカード。ペアじゃないと参加できないうえに、一組のペアにつき一枚ずつしかもらえないため、本当の友達と行くと奪い合いになってしまうとのこと。「レンタルなんもしない人」はカードを欲さないため依頼者は二枚とも入手できた。うまい利用の仕方だった。

【9月30日】 #理屈なんていいの！

「占いについてきてほしい」という依頼。たしかに占いは一人で行きづらい。依頼者はわりとロジカルな方で、算命学の先生に「これはどういうことですか」とこまめに質問してたら「理屈なんていいの！　勉強になっちゃうわよ！」と軽く説教されてて、僕も占いに行くときは誰かについてきてもらおうと思った。

Ⓛ

九月一九日に依頼されたカンボジアの件、急激に行きたくなくなってしまったので行かないことにしました。もし楽しみにしてた人いたら申し訳ないです。理由としては、よくわかりませんが、日本にいるほうが楽しそうだなとか、カンボジアに一人で行くのめんどくさいなとかですかね。急激に漠然と行きたくなくなってしまいました。

Ⓛ

「一緒にクリームソーダを飲んでほしい」という依頼をうけてから、堰を切ったようにクリームソーダを飲みまくっている。クリームソーダは文句なしにうまいけど、ほぼ毎回〝少なさ〟への怒りとともに飲み終わることになるので全力ではおすすめできない所がある。

10月：「結婚式に出くわした」ぐらいの気持ちで、なんもしないで

【10月1日】 #行方がわからない友達

「東京に観光しにきたけど友達が先に帰っちゃうからそのあと同行してほしい」という依頼で原宿と池袋を観光した。写真のアイスは原宿の「どうぶつえん」で買ったもの。これ片手に竹下通りを歩くことでほぼ女子高生になれます。暑いとたれまくるけどキャッキャして楽しめる。そういうふうに設計されてる。

㋹

先日お話しした行方不明の友人と街中ですれ違いました！　急いでいたので声は掛けられなかったけど嬉しいです。向こうも急ぐ様子で変わりなく元気そうで、少なくとも死にそうではありませんでした。祈りが通じたのか、レンタルさんにお話しした結果何かの御利益があったのかもしれません。ただ無事が確認出来て良かったです。

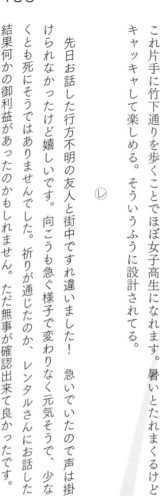

何と言えば良いか分かりませんが、とにかくありがとうございました！
本当に奇跡かと思いました。きっとレンタルさんがなんもしなかったおかげでしょう。
今後も是非なんもしないでください！

先日「長らく行方がわからない友達」の話をしてきた依頼者から続報がきた。その話をした二日後に街ですれ違ったとのこと。悲観的な面のある友達だったこともあり命の安否だけ知りたかったそうなので、一目見れて気が晴れたもよう。僕は何もしてないが、なんらかの神通力を感じてもらえてラッキーだった。

——レンタルなんもしない人、競馬は当たるし、マジシャンには選ばれるし、行方不明者は見つかるし、やたら運がいい。

【10月2日】 #結婚式を眺めにきてほしい

私たち夫婦は明日、文京区の根津神社で結婚式を挙げます。もし、なんもしない人さんのお時間の都合がついて、尚且つ、お嫌でなければ、結婚式を眺めにいらっしゃいませんか。「根津神社をぶらついていたら、結婚式に出くわした」ぐらいの気持ちで、なんもしないで佇んでいてくださるだけで良いのです。（あわよくば、少しばかり微笑んでもらえたらとても嬉しいです。。。）

私たちは結婚して少し時間が経っている、もう若くない夫婦ですが、いろいろ事情が重なり、このタイミングで結婚式を挙げることになりました。「高齢の花婿、花嫁」ということに気恥ずかしさがあり、しかも平日なので友達を呼ぶのを躊躇してしまい、家族だけのこじんまりした結婚式です。

ところが私、この期に及んで「せっかくの結婚式なのになあ……」と少し寂しくなり（家族に見守ってもらえるだけで十分に幸せなのですが！）ちょっと誰かにお披露目したいという、ささやかな欲が出てしまいました。

そこで、なんもしない人さんのことが思い浮かび――

「結婚式を眺めにきてほしい」という依頼。事情により友達呼ぶの控えてたけど、少しは誰かに見てもらいたい欲が急にでてきたとのこと。僕は普段の格好（白いロンTにキャップ）だったので「花嫁でもないのにやたら白いのがうろうろしてるぞ」と騒《ざわ》つかせないか心配だったが、ちゃんと周知されてたようで終始なごやかに進行してた。

㋹ レンタルさんはじめまして。

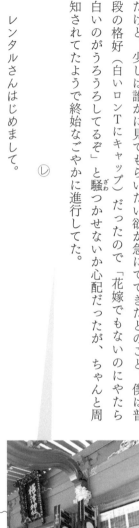

突然で申し訳ないのですが、今夜これから国分寺駅にて依頼をお願いしたいのですが、可能でしょうか？　先日知らぬ間に私は不倫をしていたようでして、その話を聞いていただき苦しんで長生きしてほしい案件ですねと相槌をうっていただきたいのです。他の案件も話すかもしれませんが、同様に相槌をうっていただければと思います。

いい結婚式をみた同じ日に急遽このような依頼が入り、やめてくれよと思いながらも興味本位で聞きにいってきた。人生について考えさせられる一日だった。

依頼者の理性ちゃん、相手に決まった女性がいるの察しながらも「顔とちんちんが良すぎて……」と関係を続けるし、煙草吸わない人の前では吸わないと言ってたのに「やっぱ一本だけ！」と言って四本吸ってたし、不倫の詳細を志茂田景樹に一〇連リプライで報告するし、何の理性も感じなかったな……。

【10月4日】　#誕生日

水棲生物画家の繁田穂波さんから「話をひたすら聞いてくれ」と依頼があり、近しい身内のご不幸とその前後での仕事周りの大変な状況の話をひたすら聞いた。身近な人に話すと同情や慰めの言葉が余計に辛く、かといって一人で処理できるほどの心の強さもないとのことで、なんもしない人が適任だったらしい。

わたし一〇月四日が誕生日で、一人暮らし一か月目なので一人で迎えるのは少し寂しいのです。前日の二三時くらいに家にきてもらって、日付超えてから「おめでとう」と言ってもらい、ケーキか何かを一緒に食べてお帰りいただくとか可能でしょうか？

㋹

「誕生日になった瞬間『おめでとう』と言って一緒にケーキか何かを食べてほしい」という依頼。知らない人からそれやってもらってうれしいもんだろうかと心配だったが、忘れられない誕生日になったそうで良かった。ケーキが見映えとかよりちゃんと味で選んであってそれも良かった。

【10月5日】 #自慢の学食

最近睡眠時間削ってなんもしてない。

㋹

声優・動画投稿者のmegaさんから「誕生日に予定入ってないので同席してほしい」と依頼があった。プレゼントやサプライズケーキはご自身で手配してあり、僕は何もしなくていいようになってた。誕生日の人をオセロでボコボコにしたり、ご祝儀をもらったり、「逆をやれよ」と自分でも思ったけど楽しかった。

Q　「オセロ以外で得意なゲームは何ですか？」

A　テトリスが比較的得意です。

Q　「累計利用者は何人くらいですか？」

A　数えてないのでわかりませんが、二〇〇人くらいだと思います。

「我が校の自慢の学食を食べてみてほしい」という依頼。知らないメディアの番付で一位ということで期待してなかったけど、ちゃんとした外国の人がちゃんとした窯でケバブとか焼いてて凄！と思った。味も美味しい。チキンケバブ丼セットが五〇〇円。入学したいとは思わないが、近辺に住みたいとは思わせられる。

――めちゃくちゃいっぱい報告したい依頼あるけどあんまり頻繁に報告したら飽きられちゃうかな……？と付き合いたてのカップルみたいな気持ちになってる。

今日はこれから新橋駅のSL広場を出発地として深夜徘徊に付き添う。最近睡眠たりてなくてかなり眠い中でのオールナイトレンタル。カラダもってくれよ!!

——東京を深夜徘徊してみたいという依頼で、新橋〜六本木〜渋谷と歩いた。「徘徊」は「あてもなく歩き回る」という意味だが、グーグルマップ見ながら歩いたので単に深夜に観光しちゃってる人たちだった（でもそれはそれで趣があった）。徘徊するにはエリアを一つに絞っとかないといけないという教訓を得た。

【10月6日】 #業者感

「レンタルされてる最中にこちらから切り上げて帰る（どうしても興味をもてなかったので）」ということを初めてやったらブロックされてしまった。僕の中での「なんもしない」は嫌なことを含まないので、ストレスを持続的に感じたら帰ることもあり得ます。

今回はやや特殊な案件で、僕がいなくても完全に成立する場（大勢いるイベントの客の一人）であることと、あと交通費も受け取らないことにして、帰ろうと判断しました。ただ、その線引きは本質的ではなく、どんな立場でも嫌なら切り上げていいと自分では

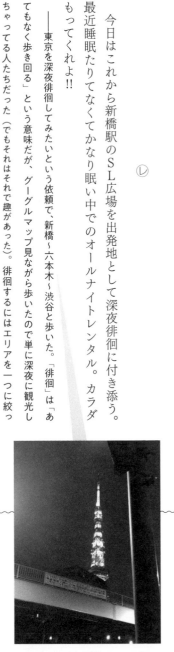

思っています。ただし、一対一の場でこういうふうになることはまず無いのでご安心いただければと思っています。

㋹

ここ最近でいちばんなんもしてない依頼。

Q　「なんでいつも帽子をかぶられているのですか？」

A　僕の場合は「待ち合わせのときわかりやすい」というのが大きいです。携帯を忘れてきた依頼者とも無事待ち合わせできました。あと「業者感」みたいなのを出すと初対面同士でも関係性を築きやすそうというのもあります。ヤマトの人が帽子被ってなかったら明らかに他人同士な感じになって気まずそうですし。

Q　「レンタルなんもしない人を、シャイで無口で口下手な人がレンタルしたら無言の空間になるのかな」

A　そういうこともありますが、無口な人相手だとこっちが饒舌になるパターンもあります。

Q　「得意なことを見つけるにはどうしたらよいと思いますか？」

A　僕の場合、消去法です。結果「なんもしない」しか残らなかったということだと

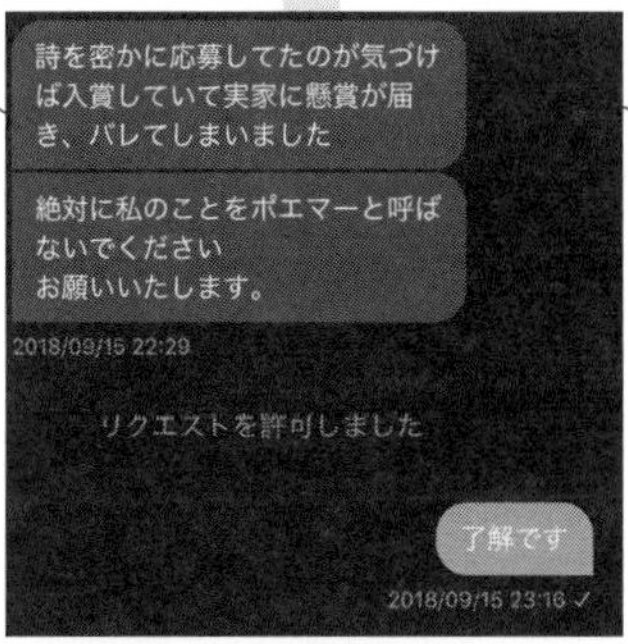
詩を密かに応募してたのが気づけば入賞していて実家に懸賞が届き、バレてしまいました
絶対に私のことをポエマーと呼ばないでください
お願いいたします。
2018/09/15 22:29
リクエストを許可しました
了解です
2018/09/15 23:16 ✓

思います。

Q　「美容院のカットモデルなども依頼できますか？」

A　奇抜なことをされなければ大丈夫です。

Q　「依頼の男女比はどのようになっていますか？」

A　圧倒的に女性からの依頼が多いです。ただ、僕が女性の依頼を選んで受けてるというわけではないことだけ念押ししておきます。

【10月8日】　＃ハートはいいです

「プリクラを一緒に撮ってほしい」との依頼があり、原宿でプリクラを撮らされた。プリクラ経験に乏しい自分にとって、何したらいいかわからない画面と、その右上でどんどん減っていく残り秒数表示はただただ恐怖だった。出来上がったプリクラはとてもお見せできるものではない盛り具合なので割愛します。

——依頼者と二人で異常なほどあたふたしたの含め楽しかったです。プリクラ機のメンテナンスがちゃんとしてなかったっぽくて、「右の撮影ブースに入ってね」って言われたけど左だったり「左の落書きコーナーに進んでね」って言われて左のカーテン開けたら壁だったり、めちゃくちゃ楽しかった。

——プリクラのブース内で機械から「ふたりでハートを作ってね」と指示があり、慌てて手を片ハートにして依頼者のほうに差し出したら「ハートはいいです」って断られたこと、けっこう反芻してしまう。わりと引きずってる。

【10月9日】　#シャボン玉

一人で行く勇気がないという依頼者とハロプロ好きの集うバーへ同行。そのあと別の依頼で国立にあるカフェ「クニタチティーハウス」に。依頼者いわく、一人でもいける店だけど、自宅からわりと距離があり、人と約束でもしないと足が向かなかったとのこと。「レンタルなんもしない人」には、重い腰をあげるためのエネルギーを下げるという触媒みたいな作用もあるようです。

㋹

「公園に行ってブランコをこぐのを見守ってほしい」という依頼。飲み物でも片手に持ってキコキコと前後に揺らす感じかなと想像してたら、かなりガッツリこいでて面白かった。これはたしかに一人ではできない。ふとブランコを止めてシャボン玉を吹いたり、続いてタバコを吸い始めたり、見てて楽しかった。タバコの吸い殻をシャボン玉液の容器に入れてたのクールだったな。

【10月10日】 #凹んでる依頼者相手に勝つ

私は浪人＋留年の二四歳大学四年なのですが、就活がうまくいかず、輪をかけて三年近く付き合った彼女に唐突にフラれるという泣きっ面に蜂っぷりをかましています。

一人でいるのもしんどいのですが――最近やったボウリングで120の自己新を出したのが嬉しかったのでやりたいなと思うが一人ボウリングはきついので依頼しました。

「辛いことが重なりボウリングで発散したいけど一人はキツいので付き合ってほしい」との依頼。たしかに一人ボウリングはよほどうまくないと抵抗ある。僕は妙に調子良く、凹んでる依頼者相手に勝ちまくってしまい忍びなかったけど、彼も自己新だしたり人生初のダブルをとったりと楽しめてたようでよかった。

Q「依頼者さんが自己新を出したのはレンタルさんのおかげですか?」

A わからないですがこれも「レンタルなんもしない人」の効果ということにしときたいです。

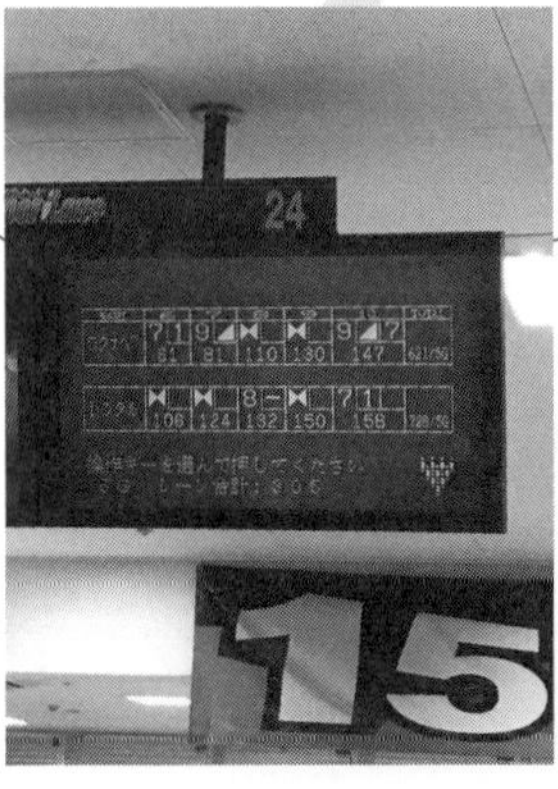

【10月11日】　#原告と鉢合わせ

吹き替え版は見たが、字幕版でも映画「プーと大人になった僕」を見たいという依頼。家庭を顧みない仕事人間の主人公がプーさんの「何もしない思想」から気付きを得る話。プーさんの思想が僕の活動に通じるのでは？とのことだったが、僕は最近ほぼ家におらず、家庭よりレンタル業を優先してる状況でどちらかというと改心前の主人公に近い。

——このサービス始めて最初の依頼（風船をもたされるやつ）は、いま思うとプーさんっぽい（一五頁）。

「自分に関わる裁判の傍聴席に座ってほしい」との依頼。民事裁判で、依頼者は被告側。名誉毀損で訴えられていた（言いがかりに近かった）。初裁判の心細さというより、終わって一息つく時の話し相手がほしいとの思いで依頼に至ったらしい。待合室で原告と鉢合わせ、このDMが来た時ワクワクしてしまった。

【10月12日】　#クリームソーダにおける知見

今日は原宿の豆柴カフェに連れてこられてます。朝からめちゃくちゃ並んでた。

九月三〇日にクリームソーダについて「ほぼ毎回『少なさ』への怒りとともに飲み終わる」とツイートしたら、「珈琲屋ＯＢ」のめちゃくちゃでかいクリームソーダを紹介され、一緒に飲むことになった。比較対象が呼び出しボタンとか鼻セレブしかなくてわかりづらいと思うけど、一瞬「ピッチャー？」ってなるくらい大きい。クリームソーダの少なさに失望したことある人はぜひ行ってみてほしい。

この店に連れてってくれた方、僕よりもはるかにクリームソーダに精通してて、「クリームソーダに氷がやたらたくさん入ってるのは、カサ増ししてやろうということではなく、アイスを沈ませないようにするため。多量の氷はクリームソーダに不可欠」という知見を与えてくれた。また「クリームソーダ持ってる店員を呼び止めてはいけない」という知見も得られた。

㋹

下北沢カレーフェスティバルに同行してほしいという依頼があり、いろんなカレーをたらふく食べた。喫茶ネグラという店で「カレークリームソーダ」なるものが頂けると知り（たぶんフェス期間限定）、せっかくなのでこれをシメにすることに。僕の「クリームソーダ」フォルダで異彩を放ってる。

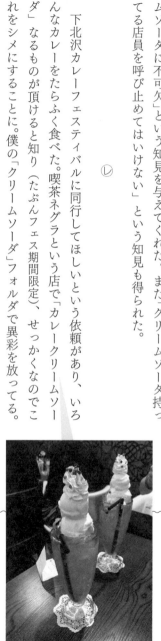

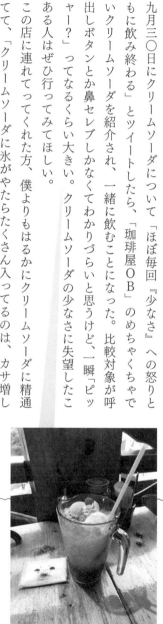

クリーム部分はめちゃくちゃおいしくて、ドリンク部分は好みが分かれそうですがおいしかったです。既存の飲み物の中ではジンジャーエールを想像すると近いかもしれません。

【10月13日】 #ライオンの募金箱

先日依頼者と新宿で待ち合わせしたとき目印に指定された、この「ライオンの募金箱」口からお金いれると鳴くというのを教えられ、ためしにやってみたら適度な音量で咆哮した。近くで集合してた何らかのオフ会らしき人たちにも波及してお金いれられてたので、募金箱に咆哮させるのはいい仕組みだと思う。

同じ依頼者から、ＪＲ新宿駅東口と西武新宿駅の間にあるこのゲームの存在も教えてもらった。なんと無料。一〇秒間ボタンを連打しまくり、何回押せたかを競うという死ぬほどシンプルなゲーム。ハッピーボタンというらしい。存在を知って以来、誰かと一緒にここを通るときはバトルをもちかけるようにしてる。

Q　「愚痴を聞いてもらうだけ、という利用方法もありですか？」

A オッケーです。わりとオーソドックスな利用方法になりつつあります。

自慢みたいになるけど、わりとまじの注意事項なので言いますが、最近知らない人から声をかけられる頻度が上がってきたので、人目を忍ぶ必要のあるような用途には使えないサービスになっています。ご承知おきのうえご依頼ください。

【10月14日】 #叫び狂いながら片づける

Ⓛ

今年はじめ、とあることから心身ともに疲弊し動けなくなってしまい、外出や家事ができなくなりました。最近少しずつ復帰しているのですが、部屋の中に物理的に問題なブツがあります。洗っていない食器です。触るのがなかなか怖くてノータッチのまま数か月経ってしまいました。玄関からなんか水溜りのにおいします。ヤバいです。

叫びながら狂いながら洗い物をする横で何もしないで終わるまでまっていてほしいのです。

「数か月放置してある洗い物を叫び狂いながら片付けるので横にいてほしい」という依頼。さすがに恐ろしいので断ったが、さきほど一人で遂行できたと報告があった。

DMのやりとりをしてからなんだか心が軽くなって、先程ひとりで洗い物を終わらせることができました。身内には絶対できない話なので誰にも言っておらず、ただ聞いてもらうだけでできるようになるとは思いませんでした。

あの時DMを開いていただいてありがとうございました。なんもしない人の効果を噛みしめました！

多分だが、誰かに話すことで現状の客観視と冷静な行動が促されたんじゃないかと思われる。依頼が成立せずとも効果が発生したレアなケース。

【10月15日】 #初のラジオ

bayfm に来ました。初のラジオです。「この日のゲストが決まらなかったのでゲスト枠を埋めてほしい」って依頼でした。ラジオの空席を埋めたのは初めてで面白かったです。

【10月16日】 #最短レンタル記録

「携帯電話の自動音声案内をきき、読み上げられた数字を教えてほしい」という依頼。

銀行口座の手続きとかでよくあるやつですが、依頼者は耳が不自由できき取れず行き詰まってたとのこと。会ってすぐ携帯を渡され、耳を当て、きこえた数字を伝えて完了。所要時間は五分ほど。最短レンタル記録を更新した。㋹

集合場所等で顔を合わせたとき「なんもしない人です」と挨拶するようにしてるのは、ウケ狙いというより、改めて自分が「なんもしない人（簡単な受け答えしかできない人）」であることを確認・念押しして、沈黙の気まずさを減らしたい気持ちが強いです。かなり真面目な思いで言ってます。㋹

【10月17日】 #看板を放棄する

先日依頼で会った客室乗務員志望の学生さん、「空に飛行機が飛んでるのを見かけたら、それがどの空港発のどの便でどこに向かうのかを調べていろいろ妄想するのが好きなんです」と言ってて、まあ当たり前なんですが、飛行機が好きだからという理由でCAをめざす人って本当に存在するんだと妙に感動した。㋹

プロ野球観戦に同行する依頼だったけど、その前のカフェで突然「数学の話をしてください」と言われ、ちょうど目の前にあった紅茶に絡めてカージオイドの話をし、試合開始を過ぎても「野球なんていいんです！」と続きを請われ長時間一方的に話した。看板を放棄した形になったが、至福の時間でした……。

㋹

「友達に借りていたDVDを返しに行きたいが、何年も音信不通で、もしものことを思うと一人で行きづらいのでついてきてほしい」との依頼。結果不在。生存確認もできず。しずるのDVDを友達に貸して返ってきてない人（または単純にしずるの大ファンの人）に心当たりある方は連絡いただけると助かります。

【10月18日】　#人になんかしてもらいたい方

たまに「写真を撮ってほしい」「部屋の片付けを手伝ってほしい」「○○を買ってきてほしい」など、なんかさせようとしてくる依頼が来て身構えてしまうんですが、人間をレンタルできるサービスはほかにもあることを忘れないでほしい。人になんかしてもらいたい方はおっさんレンタルをご利用ください。

吉祥寺の帽子ショップ「無」にて、ほぼ同じ帽子を購入。滞在時間は三分くらいでした。

「離婚届の提出に同行してほしい」という依頼。一人だと寂しさがあるのと、少し変な記憶にしたい思いもあるとのこと。「初めまして（現姓）です」と挨拶されたあと「最後に、お疲れ様でした（旧姓）さんと言ってもらえますか」と頼まれ、その通りにして別れた。人の人生の県境をまたいだ感があり面白かった。

提出いく前にランチにも同行したんですが、その店は婚姻届を出した日に二人で行った店でもあったとのこと。あえてそうしたというより「せっかくなのでおいしいものを」と思ったら自然とそうなったらしい（ランチの時点では聞かされておらず。今思うとたしかに「おいしい……」に情感こもってた気がする）。

Q　「レンタルなんもしない人、本当は、実際にはなんもしてなくて、ただありそうで、ちょっと心に残る作り話をつぶやいているだけなんじゃないか？」

A　都市伝説化してきました。

Q　「レンタルさんって依頼内容を公開してしまっているけど、大丈夫？」
A　明らかに大丈夫そうなもの以外は一応確認をとって、許可もらえた範囲内でツイートしてます。完全にシークレットな依頼もあります。

【10月19日】 #パイオニア

こないだ「レンタルなんもしない人」をオマージュして「レンタルめっちゃする人」という名前で活動してる人と会ったんですが、日雇いバイトの依頼しか来なくて早々に廃業したそうです。

こういう「パクっていいですか？」の問い合わせは頻繁にくるけど、僕自身もプロ奢ラレヤーをパクって始めた者なので何か言える立場じゃなく、ご自由にどうぞと全部返してる。むしろ何もせずとも「本家」とか「オリジナル」とか「パイオニア」とか呼んでもらえるのでメリットが大きい。

【10月20日】 #洗濯物

「参加に勇気のいるイベントがあり、それの開始までの時間、緊張をほぐすために同行してほしい」という依頼でハンバーグ屋「ゴールドラッシュ」に連れてかれた。ＪＲ新宿駅東口を出てすぐ見えるアイフルのビルの地下にある。めちゃくちゃおいしかった。

かけないといけないそうで、めんどくさいのでなんも撮らないことに。

ようです。コスプレの人たちがそのへんをたくさん歩いてるけど、撮影するときは一声

「立川あにきゃん2018」というイベントに呼ばれた。コスプレの人たちのイベントの

㋹

はなっておらず、今後も恐怖の日々は続くらしい。

に頼れる人もおらず、依頼に至った。ひとまず無事うけとれたものの、根本的な解決に

の人とは何度もトラブルがあり一人で対面するのは身の危険を感じるが、この日はほか

「下の階に落とした洗濯物をとりにいくのを後ろで見ててほしい」という依頼。下の階

㋹

濯したりと、謎の大掃除が始まったらしい……。

りにいく必要が生じたとき、異常な恐怖心により二回掃除機かけたり、カーペットを洗

から察せられた(布団なしで子供を走らせると即苦情がくるらしい)。洗濯物を下の階にと

下の階の人とのあれこれが相当根深いことは、依頼者の部屋にずっと敷かれてた布団

【10月21日】 #国を擬人化

今日は芝居の稽古場にいるよう言われてます。知らない人がいたほうが緊張感が出るそうです。

続いてこれからカラオケボックスでミュージカル「ヘタリア」のライブの布教を四時間うけます。「国を擬人化」という情報しか与えられずに臨んでます。

Q「レンタルなんもしない人の『布教される系』の案件は、依頼者の方はどのような意図で依頼しているのでしょうか？」

A「布教」は少し誇張して書いてるとこありまして、実際は「初見の人の反応、感想が知りたい」という意図が多そうな印象です。「自分の好きな作品を、自分の記憶を消してもう一度見たい」という願望がまずあり、それは叶わないから誰か初見の人に見てもらおう、という思考の流れがあるとも聞きます。

【10月22日】 #エッチしよ

豊洲にある「チームラボ」という何かの何かに連れてこられた。面白い。最初の「裸足で移動します」の説明でもう楽しかった。「床が鏡になっている所があるのでスカートの方は下着が見えてしまいます」と注意があり、「ハーフパンツを貸し出しています」と補足もあったが、聞いてなかったのかなんなのか完全にパンツ見えちゃってる人結構いて嬉しかった。

㋹

サンリオピューロランドにも同行。ちょうど誕生日だったので「レンタルなんもしない人」と名前の入ったハッピーバースデーカードを首からぶら下げられた。

その後「席数の少ない店で四人がけテーブルを一人で埋めるのが申し訳ないので同席してほしい」という依頼で御徒町へ移動。

㋹

いきなり「エッチしよ」と言ってきた人から説教されて腑に落ちない。

Q 「やっぱり、ちゃんと働くか、ビジネスモデルを作ったほうが良いのでは」

A なんもしたくないので、それはできません。

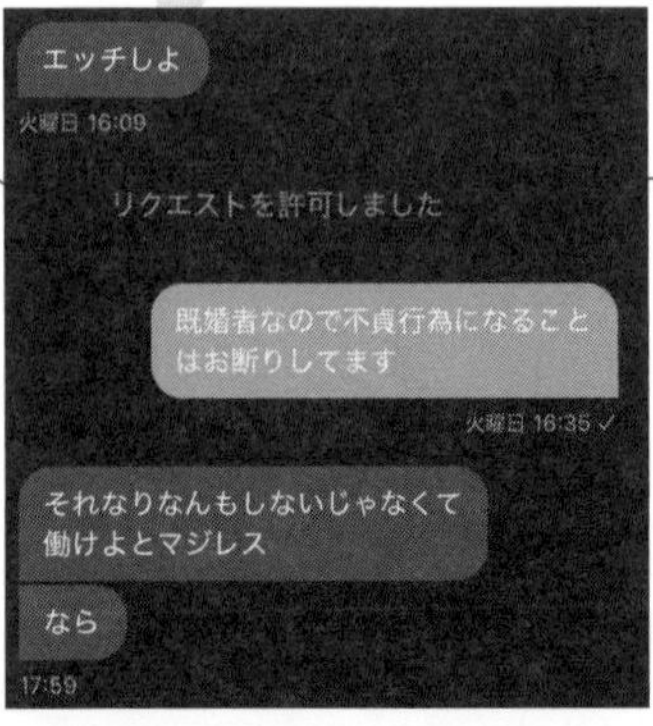

【10月24日】 #授業に間に合わない

「渋谷で自撮り棒を使って写真とりまくりたいけど恥ずかしいので同行してほしい」という依頼。「ハチ公前で待ち合わせ」も憧れがあるとのことで、そのようにした。壁画「明日の神話」の前で「これ岡本太郎なんですよ」と言ったら「岡本太郎って誰ですか？」と返されショックで余計に無口になった。

㋹

自分は今大学生なのですが、朝起きれず単位を落としそうです。これ以上休む訳にはいかないので、誰かと待ち合わせすれば起きれるのでは？　と思い連絡した次第です。

「待ち合わせをしてほしい」という依頼で待ち合わせをした。依頼者も定刻通り待ち合わせ場所に現れ、無事に授業に出られたとのこと。出会った瞬間別れたので、また最短レンタル記録が更新された。

㋹

「ソフトクリームのオブジェを探し歩くのに同行してほしい」という依頼。依頼者はインスタでソフトクリームオブジェ写真集を公開してて、ものすごく目が発達してた。

【10月25日】 #ラジオ、セクシー、ラジオ、セクシー

「一人で行きづらい店に同行してほしい」という依頼で「にんげんレストラン」へ。一人で行きづらさ溢れる店構え。

——「自家発電ポールダンス」という、〝ポールダンス〟でポールを回転させ、その回転エネルギーを電気にかえることでラジオを鳴らすパフォーマンス〟が面白かった。「ずっと鳴らしっぱなしだと腕が張るので、時々〝セクシー〟を入れて休む」とのことで、ラジオ、セクシー、ラジオ、セクシー、という感じだった。

Ⓛ

「今まででいちばん長かった依頼は?」と聞かれたとき、「ジャニーズのDVD上映会(七時間)」と答えてるけど、よく考えたら九月一五日の「ポエマーと呼ばないでください」という依頼が〝死ぬまで終わらない〟という意味でいちばん長いかもしれない。安請け合いしてしまったかもしれない。

Ⓛ

最初はレンタルなんもしない人のことを警戒気味にみてて会うのをためらってたけ

ど、七月二五日の「ロッカーに行け」の依頼をみて「大丈夫そう」と判断した、という依頼者が以前いた。ロッカーに行くの忘れそうな人の存在と、ツイッターアプリの不具合がなければ会うことはなかったのか……と不思議な縁を感じる。

【10月26日】 #笑顔の顔文字

フォロワーを増やすことを目的にしていないとはいえ、フォロワーが増えなければ確率的にあり得なかった依頼もあり、その恩恵は感じる。こないだは「同じ生年月日です」という人からの依頼で、同じ日に生まれたもの同士で誕生日を祝い合った。初対面なのに謎の信頼関係があり、わりと話が弾んだ。

Q　「まだ怖い目にはあってませんか？」

A　怖い目にあいそうな依頼は断ってて、今のところそこまで怖かったことはないです。しいて言えば、自家用車を使った移動が突発的に発生したりすると少し怖いです。運転の安全性の面に加えて、半ば監禁状態になる点で、車での移動は避けたいと常々思っています。

怖い目にあったことは？　とよく聞かれるが、今のところとくにない。しいていえば、得体の知れないアカウントから「家に来てお話をしてほしい」と依頼がきて「気が進まないのでお断りします」と返したら下記の返事がきたときで、ちょっとゾクッとした。素性の見えない人が使う笑顔の顔文字は不気味すぎる。

【10月27日】 #夜の代々木公園

代々木公園です。夜の代々木公園を雑談しながら一周しました。カップル、ホームレス、大学生の飲み会、管楽器の練習、ランナー等々が混在してて、それを見ながら依頼者が「いろんな人がいるなあ」「いいなあ」「人間って面白いなあ」「人間…人間……」と狂ったようにつぶやいてたのが面白かった。

漫画「日常」のみおちゃんというキャラがスタバで注文した飲み物（通称、ちゃんみおスペシャル）を飲みたいという依頼。恥ずかしくて一人では注文できないらしい。注文代行を頼まれたが「見守るだけ」でご勘弁いただいた。声に出すのはやはり無理だったようで、スマホの画面を見せ、無事注文できていた。

そうですか。了解です^_^
それではぜひまた^_^

【10月28日】 #マラソンとうさぎ

横浜マラソンに出るのですが、ここ三か月は引っ越しを伴う人事異動があって職場に慣れることを優先したためほとんどトレーニングできていません。制限時間内に完走できるかどうかもあやしいのですが、今一番会ってみたいレンタルなんもしない人さんがゴールにいてくれたら頑張れそうな気がします。

「マラソンのゴールにいてほしい」という依頼。事情により時間内の完走に自信がもてず、モチベーションを高めようとレンタルに至ったもよう。結果見事完走し、完走記念メダルを獲得していた。ゴールしてクタクタになりながらもちゃんと交通費を手渡してくれて、交通費持って走ってたこと含め感動した。

㋹

「うさぎの散歩に同行してほしい」という依頼。犬やカラスなどに襲われたりして、うさぎが逃げ出す可能性があり、そのときは荷物を置いて追いかける必要があるので、荷物番として誰か一人同行してると安心とのこと。無事楽しく散歩できた。うさぎは飛び跳ねて移動するのと急に止まるのがかわいい。

リードつけてれば平気かというと、うさぎは首がかなり短くて犬のようなしっか

りとしたリードが付けられず、襲われたりしたら弾みで外れることもありそうな感じ。結局、荷物番は発生しませんでしたし、散歩についても、うさぎはかなり自由に動いてて僕はリードをつかんでただけなので、普段の何もしなさそのままでいけました。

Ⓛ

「ガチ恋」の話を聞く依頼でした。ガチ恋とは、アイドルや俳優、二次元キャラなどに対して「付き合いたい」などのガチの恋愛感情を抱くこと。身近な人に話しても普通に一般人との恋愛をするようにと諭されるばかりだったようで、「なんもしない人」に語りたいという依頼に至ったもよう。ちなみにガチ恋の対象は「推し」とは言わないらしい（自分と付き合ってほしいのであって、ほかの人には推したくないから）。

同様の依頼はほかにもあり、その界隈でのみ通じると思しき用語の知識が増えていく。メモした中では「後方彼女ヅラ」がお気に入り（アイドルライブ等で、観客の全体的な盛り上がりには入らず、後方の壁に寄り掛かりながら腕組んで澄ましてるサマを「後方彼氏ヅラ」と言い、その女版が「後方彼女ヅラ」）。

【10月29日】 #平塚

今日一七時からは平塚にあるイベントバー「まよいが」にいます。「平塚」は、僕が会社勤めしてるとき「生きてるのか死んでるのかわからない」「なんでいるのかわからない」と言ってきたり、僕のいる部署のことを「常時欠員状態」と言ってた上司と同じ名前なので、目にするたびに呼吸が乱れる感じがする。

昨日「マラソンのゴールにいてほしい」の依頼をくれたゆきゑさんが今日まよいがに来てくれて、まよいがで今度芋煮会をする流れになった。「東北人のアイデンティティが保たれる！」と喜んでてなんか嬉しい。

【10月30日】 #ケーキからの依頼

今はそうでもないけど、一時期、人と話すことがめちゃくちゃ苦手で、人との会話が発生するたびに「宇宙が始まってしまった」みたいな感覚に襲われて、会話どころではなくなることがよくあった。

「ケーキを一緒に食べに行ってほしい」という依頼なんですが、依頼文の末尾に〝ケーキ〟という署名があり、ケーキからの依頼みたいになってて

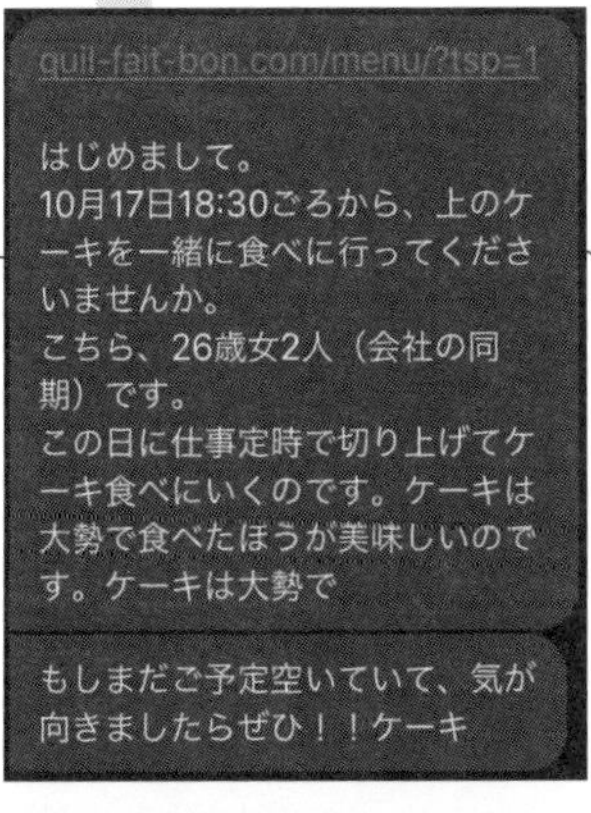
quil-fait-bon.com/menu/?tsp=1
はじめまして。
10月17日18:30ごろから、上のケーキを一緒に食べに行ってくださいませんか。
こちら、26歳女2人（会社の同期）です。
この日に仕事定時で切り上げてケーキ食べにいくのです。ケーキは大勢で食べたほうが美味しいのです。ケーキは大勢で
もしまだご予定空いていて、気が向きましたらぜひ！！ケーキ

良かった。

【10月31日】 #ハロウィンには二度と行かない

「一〇月三一日のハロウィンの夜に渋谷を歩き回りたいが一人では怖くて勇気が出ないので同行してほしい」との依頼で渋谷に来たけど、依頼者から体調不良でキャンセルとの連絡があり、一人でもみくちゃになる形に。センター街にも行ってみようとしたが、横断歩道を渡るのが不可能に近く断念。二度と行かない。いつにもましてなんもできなかった。子供を肩車で連れてきてる人いたのはさすがに頭おかしいと思った……。

——早々に引き上げて今は自宅で駄菓子パーティーしてるので大丈夫です。

7 11月：この依頼を断ってくれませんか

【11月1日】 #ポール・マッカートニー

「岡本太郎記念館に同行してほしい」という依頼でした。入館は一緒にしたが中では単独行動だったのでなぜ呼ばれたのか不思議だったが、「行くきっかけになってよかった」とのこと。あと、僕も僕の妻も岡本太郎が大好きで、妻からリクエストされた「犬の植木鉢」のピンバッジを普通に自費で購入した。

㋹

今日はこれから東京ドームでポール・マッカートニーのライブに同行します。めちゃくちゃテンションが上がってます。

——最高だった。ウクレレもよかった。Let It Be と Hey Jude は人類の最終回感があった。依然として「ポール・マッカートニーを肉眼で見た」で頭がいっぱいになってる。二万円近く負担してくれた依頼者にはどうか幸せになってほしい。

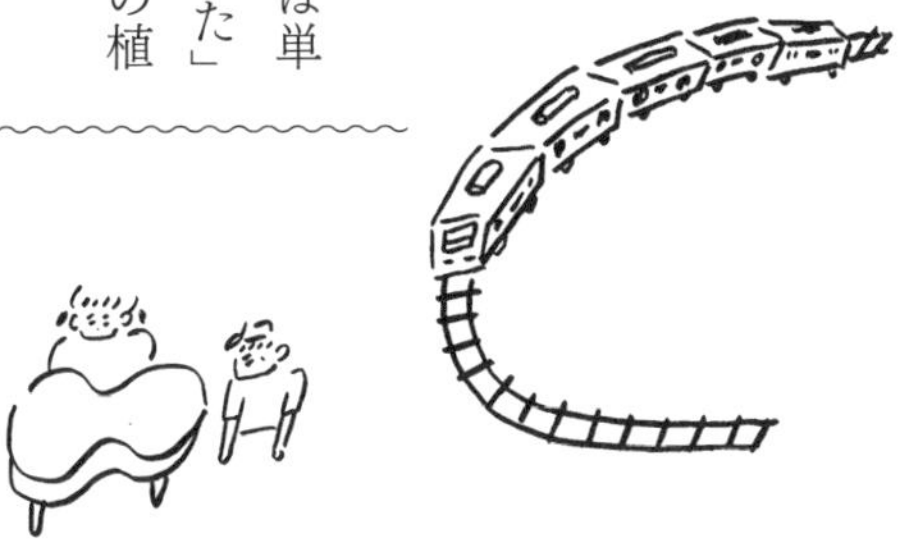

――ちなみに今回の依頼は「一〇月三一日と一一月一日の二公演を一人で行くつもりだったけど、どうせなら半分誰かに見てほしいと思って」というものでした。なのでチケットが余ったとかではなく、わざわざ二枚買ってもらった形で、今までより忍びなさは高かったけど、依頼者は喜んでくれたもようで、大丈夫でした。

【11月2日】#卵子からやり直したい

最近やや調子に乗ってるのか、ご飯を奢られることを依頼者の前で「ラッキー」と表現してしまい、あわてて「いや、ありがたいです。ありがとうございます」と言い直す、ということがよくある。

㋹

「留年のかかった授業に寝坊せず出席できるよう、朝ごはんを一緒に食べる約束をしてほしい」という大学生からの依頼。友達との約束だと甘えが生じて起きれないらしい。無事に時間通り現れ、朝食をともにし、授業にも出られたとのこと。なんと初めての出席だったそうで、先生に驚かれたらしい。

――書き漏らしていたけど、「二限」というところにはかなりグッときました。

「綾野剛の熱愛報道が出てしんどいので気を紛らわせるために会話に付き合ってほしい」という依頼。追加で「一応誌面を確認したいけど女一人でFRIDAYを手にとるのは抵抗あるので同行してほしい」との依頼も入った。「卵子からやり直したい」「法改正してほしい」など言ってて、とてもしんどそうだった。

「人に言えない話をきいてほしい」という依頼のあと渡されたポチ袋、交通費かと思ったら口止め料だった。

【11月3日】 #ひみつ屋

音楽ライブイベントにサクラとして呼ばれています。イベントに呼ばれる依頼は、以前途中で帰ってしまった実績があり心配してたけど、スタッフの人たちから「今日は盛大になんもしないでいてください」と声をかけてもらえて、今回は大丈夫そうな気がしてる。

会場の後方に「ひみつ屋」という謎の屋台があった。人のひみつをセメントで固めて売ってるらしい。いろんな形があり、五四〇万円のひみつもある。僕は五〇円のひみつを購入。すぐには割らず、しばらく置いて想像をめぐらせてから割るのがオススメとのこと。ひみつの提供も常時募集中のようです。

僕もひみつを提供した（手袋をはめ、紙にひみつを書き、セメントに封じ込めた）。形はあとで店主の人に整えてもらえるのかと思って雑にやったらこれで陳列されてしまうらしく、しくったなと思った。レンタルなんもしない人のひみつを七四〇円で買いたい人はひみつ屋に足を運んでみてください。

㋹

一〇月一七日にツイートしたしずるのDVDの件、まだ連絡が取れていないらしいです。

【11月4日】#一画

一画で終わった依頼。

DMで完結する依頼はよほどグッとこない限り「めんどくさいのでお断りします」と返してますが、これ打つより簡単に済む依頼なら引き受けること

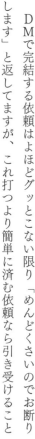

があります。ただ大量に来すぎるとほかの重要なDMが埋もれてしまうので、よほど切実だとか、これは良い利用方法だと思ったときだけにしてもらえると助かります。

Q　「1～6の数字の中で1を選んだところが、なんもしてない感じ伝わってきます」

A　わかっていただけてありがたいです。依頼者の方の名前が「いちじま」さんだったことも影響してるかもしれません。

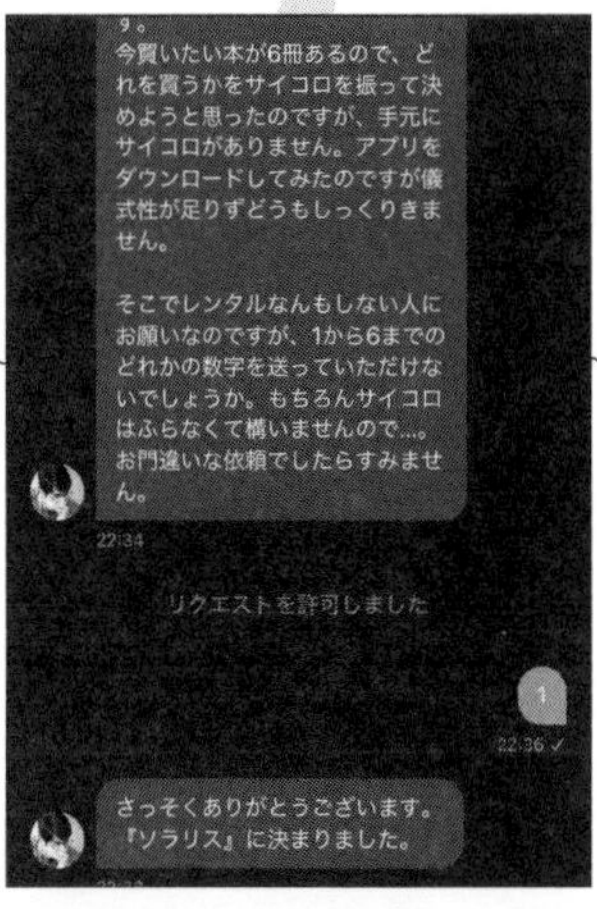

【11月5日】　#船をこぐ

日の出前からなんもしてない。今日は日の出前から出かけてて、夜の依頼が「落語同行」だった。日の出前から出た日の夜に落語をみるもんじゃない。かなり船をこいでしまったが、隣席の依頼者もこいでたので今回はセーフだった。落語は立川談修さんで費用はすべて依頼者に出してもらった。

「手首に謎のコブができたけど病院億劫なので同行してくれ」という依頼。数か月放置してたそうだが人との約束があれば重い腰も上がるらしい。コブの正体はガングリオンというもので、深刻なものではなく「あまり痛むなら太い針を刺して抜くけど？」と言われたがそっちの方が痛そうなので断ったとのこと。

㋹

「ピアノの練習をしてる間、ただ居てほしい」という依頼で音大の練習室へ。何時間も弾いてると気が狂いそうになるらしく、人がいることで集中力を保てるとのこと。雑に脱ぎ捨てられた靴、おつまみのチョコレート、弱ってくる日差し、誰かの忘れ物のプリント、ことごとく詩的な空間で、居て楽しかった。

長時間ピアノの練習をしてると気が狂いそうになることについて、依頼者は「音がゲシュタルト崩壊してくる」と言っていた（「借」という漢字を見続けてると「あれ？　こんな字だっけ？」となるやつが音でも起こるらしい）。

【11月6日】　#この衣装、手が出ない

Q　「レンタル料は発生しないのですか？　蜂の巣駆除やベビーシッターなどはされないんですよね？」

A　レンタル料は発生しません。蜂の巣駆除もベビーシッターももちろんできません。

朝から呼び出されてかなりよくわからないものに同行させられてる。準備中「この衣装、手が出ない」と言って雨の中加工しだした。始まった。主に道行く人に「おはよー！」と手を振って無視されるというのをやってた。モチーフである落ち葉を演じて横になったりも。荷物の紙袋を見る限り普段は普通の女性だと思われる。手が出づらい衣装だったので、ツーショットの自撮りのとき案の定スマホを地面に落として焦ってた。見事な案の定っぷりだった。

Ⓛ

人力車に乗せられた。散歩同行の依頼だったが、途中で人力車を見て「一人で乗るの抵抗あったんですよね……」とのことで一緒に乗ることになった。人力車、有名な観光地以外にも「前やってたサスペンスドラマで片岡鶴太郎さんが犯人の考察をしてたのはこのへんです」とかコアなスポットの紹介もしてくれて楽しかった。

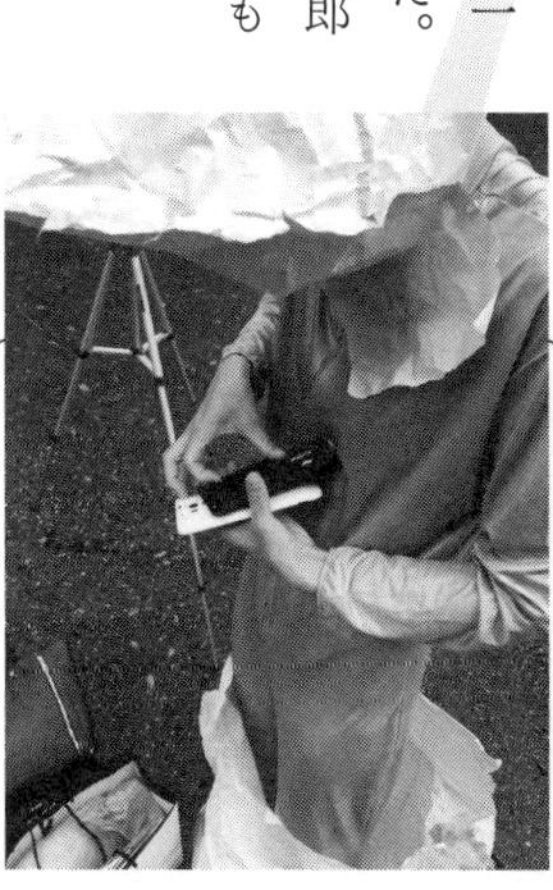

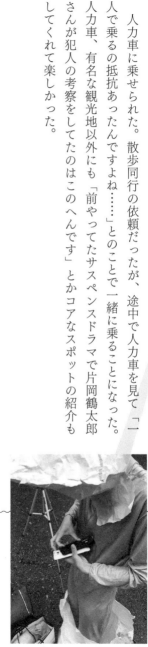

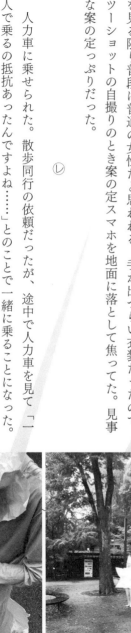

阿佐ヶ谷ロフトに着いた。「おっさんレンタル×レンタルなんもしない人」のイベント。客として何度か来た場所に出演者として行くときの高揚感。楽屋の壁すごい。東郷清丸さんの上にサインしちゃった……あ！ ㋹

【11月7日】 #取材中です

「レンタルなんもしない人」、税務署への届け出は「文筆業」。されたことないですが、もし警察から職務質問されたら「ライターをやっていて今は取材中です」と答えるつもりです。

最近はリマインダー的な依頼は断ってるけど、たまに気が向いて引き受けたりもしてる。これは大事なことだし引き受けました。 ㋹

「引っ越し後の荷物の整理を人がいる緊張感の中で脱線せずに完了させた

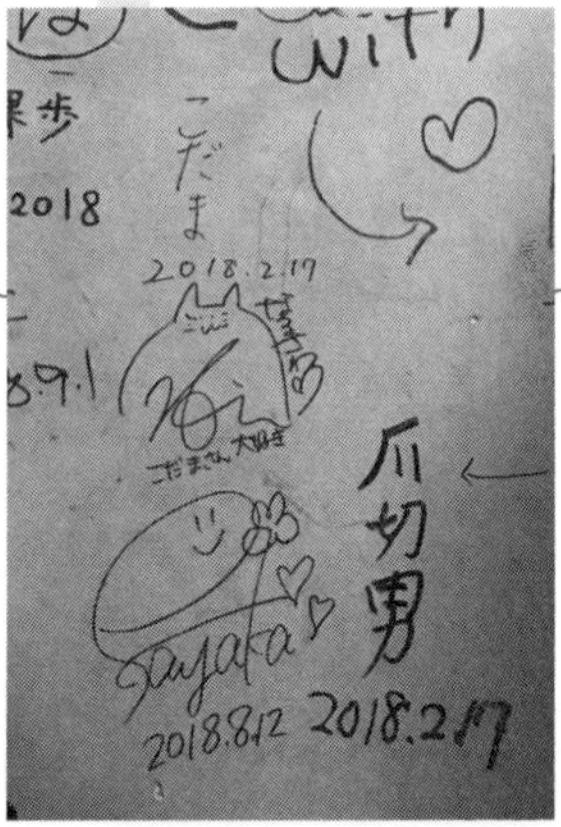

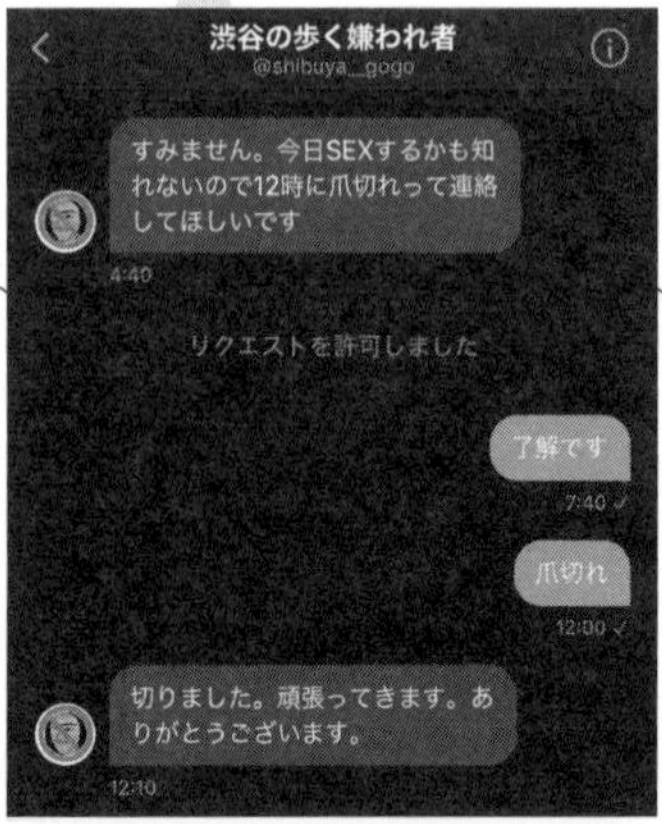

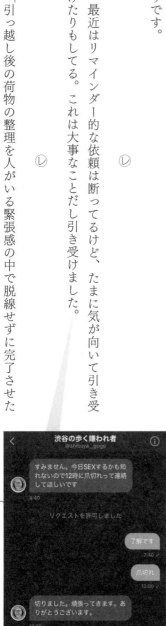

い」という依頼があり、依頼者宅のリビングで適当にくつろいでます。適当にくつろぐためのグッズも盛りだくさん。とりあえず『君の名は。』をみる。犬もくつろいでる。

——人んちでめちゃくちゃ泣いてしまった……。

【11月8日】 #パフェとは何か

さっき出かける前に爪切ってたら妻から「え……」って言われた。

Ⓡ

すごいパフェが出るカフェ「中野屋」への同行依頼。僕は長すぎる名前のパフェ(非公開)を注文。長すぎる名前と完璧な立方体に感動して「すごいパフェですね〜」が本心で出た。ただ、スプーンは普通に丸いため、四隅の部分をすくうのが恐ろしく難しかった(「こういう悪夢あるよな」と思った)。普段絶対しないようなスプーンの使い方をしたので、その非日常感も含めて楽しかった。

依頼者の注文してたパフェもすごかった。あとほかのテーブルではドームみたいなのを被せた何かが運ばれてきてドームを外すと中から煙に包まれたパフェが登場してて訳がわからなかった。終始「パフェとは何か」という問いを突き付けられる

店だった。うどんもおいしかったし、そろばん形の箸置きも良かった。

【11月9日】#工場見学

「キリンビールの工場見学に行きたいが二名からしか予約できないので同行してほしい」という依頼を受けて同行した。

【11月10日】#待ち人は現れない

出待ち行為はめちゃくちゃ怒られる上にめちゃくちゃフォロワーが減るので絶対におすすめできないな……。浅草で引いたおみくじ、「凶」だったし、待ち人は「現れないでしょう」だったし、あらゆる意味において引き受けるべきではなかった……。

【11月11日】#宿泊の条件

明日から明後日の朝にかけて大阪に行くんですが、泊まるところを何も考えてなかった。誰か泊めてくれる人いるかなとも思ったけど、自分の泊まる場所に対して望むことが多すぎて難しい気がしてきた。この条件に当てはまる人、もしいればお声がけください。

2018年11月11日 9:11

ゴキブリがいない
コバエが少ない
ムカデ、ヤスデ等が出ない
庭や天井裏に蜂の巣がない
ダニ対策に気をつかっている
ハウスダスト対策に気をつかっている
法的な耐震基準を満たしている
洗い物が日をまたいで放置されていない
トイレがマルイのトイレ程度には綺麗
シャワーがある
スマホを充電させてくれる
事故物件ではない
大阪駅から電車で1時間以内
女性の一人暮らしではない
ドブのようなにおいがしない
窓がある
汁系のものを床にこぼしてもそれほど怒られない
鍋に参加させられない
掃除させられない
僕を泊めることに乗り気である
どこかしらからは日光が入る

条件を見て分かる通り性格は悪いほうだと思います。誰からも支持される人間だと思ってないので、真っ当な人間だと勘違いされないようにときどきこうやって露悪的なことをしたくなる感じです。

——なんらかの期待をされないように「なんもしない人」を名乗ってるということもあるので、もし僕に何かを期待してるのであれば、その時点でサービスの利用対象外です。

㋹

ここ最近でいちばん難しかった依頼です。

ちなみに四日くらい考えた末こういう返事をし、すっきりしてもらえました。

この依頼を断ってくれませんか？
水曜日 22:32

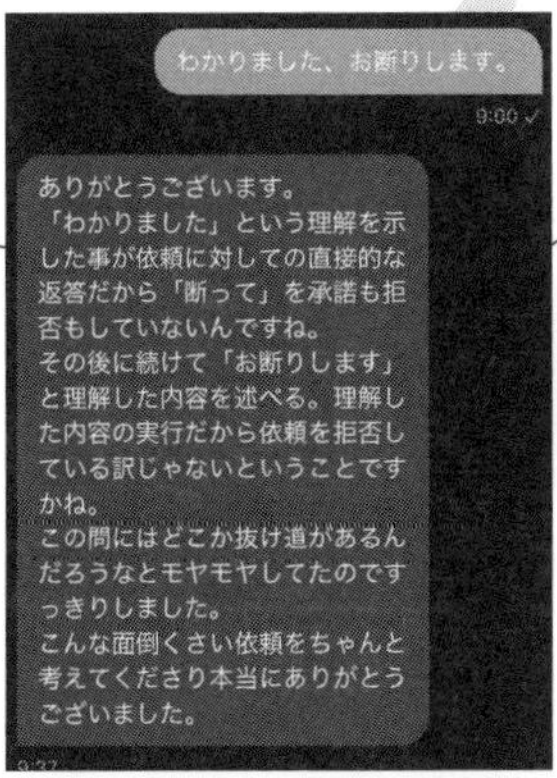
わかりました、お断りします。

9:00 ✓

ありがとうございます。

「わかりました」という理解を示した事が依頼に対しての直接的な返答だから「断って」を承諾も拒否もしていないんですね。

その後に続けて「お断りします」と理解した内容を述べる。理解した内容の実行だから依頼を拒否している訳じゃないということですかね。

この問にはどこか抜け道があるんだろうなとモヤモヤしてたのですっきりしました。

こんな面倒くさい依頼をちゃんと考えてくださり本当にありがとうございました。

㋹

「運転免許の再発行に同行してほしい」との依頼。再発行は平日の限られた時間帯に出向かなければならず、試験場へのアクセスの不便さもあいまってまったく足が向かなかったもよう。人との約束効果により無事新しい免許証を入手できてた。所要時間一時間半ほどで意外とスムーズだったが、これは日によりそう。

さっき駅のホームですれ違った人から「レンタルさん！」と声をかけられて握手した。こういうの初めてではないけど、毎回めちゃくちゃ嬉しい。ロックマンでいうとE缶を使ってライフゲージが満タンになるような感覚がある。気づいた人はどんどん声をかけてもらえると助かります。

【11月12日】 #食事同行

大阪に到着。いきなり豚に遭遇。その後、蛇をもたされた。

——爬虫類カフェアゲインというところに連れてかれていて、なぜかサソリも乗せられた。めちゃくちゃ怖い。「大丈夫、針も短いし」と言われたが、無いんじゃなくて短いのかよと思った。

同じ食事同行依頼でも動機がさまざまで面白い。一人では入りづらい、または心細いというのが多いが他に「人と約束してないと足が向かない」「普段は奢られる立場で遠慮して楽しめないから奢る側で食べたい」「腎臓

が破裂し、手術したばかりで、身近な人との食事だと制止されて満足に食べられない」というのもある。

腎臓が破裂した人は、破裂直後は危険な状態だったけど、現在は運動に制限がかかるものの食事については医師から何も指示されてないとのこと。しかし周囲からは「腎臓破裂」という言葉の印象で過剰に心配され、食事を制止されてしまうそうです。制止も何もしない人との外食で、久々の満腹を味わえていた。

【11月13日】 #死神に狙われてる？

今回大阪に来たのはスナックCANDY大阪さんからの依頼で、国分寺からの交通費はCANDY大阪さんが負担し、他の依頼は大阪駅からの交通費＋カンパで引き受けた感じです。僕の世の中を舐めた条件設定（一一月一一日参照）に快く応じてくれたリバ邸箕面管理人の藤原雅樹さんに感謝……めちゃくちゃよく寝れました……。

実は大阪近辺には実家があるので本来なら外泊の必要ないのですが、先日この活動が親に伝わり、妻を通して「失望している」との連絡があったので顔を合わせづらく、人を頼った次第です。反抗期の子の家出に近いものがあり今さら恥ずかしくなってきた。

——自虐チックに綴ってしまいましたがわりと平気です。親に失望された人間は強いとも聞くし、人生は親に失望されてから始まるとさえ思ってます。今後も想定にない面白いことが起こるよう、引き続きなんもしな続けていきます。

㋹

当方オーストラリアのタスマニアに住んでいるのですが、ここ最近なぜか運が悪く、次何かあったら死ぬんじゃないかというくらい怯えてます。ケータイ紛失から始まり、クレカを不正使用されたり、運転中カンガルーが飛び出してきてボンネットとフロントガラスが潰れたり（カンガルーは無事）、また別の日前を走っていたトラックからシャベルが飛んできてそれを避けようとしたため車が横転する大事故を起こしたり（これにて車は廃車）、小さいことはたくさん他にも有るんですが、流石に大きな事故に短期間で二回も遭遇していて怖いです。

どの事故も軽傷または骨折で済んでいるのですが、死神に命狙われている気がして怖いのです。そこで次回どこか神社を通った時、ついでに私の安全を祈って来てくれないでしょうか？――

オーストラリアのタスマニアに住んでる人から「死神に狙われてるとしか思えないことが起こってるので、神社の前を通ったとき『たまにはオーストラリアにいる日本人のことも気にかけてやってくれ』と心の中でつぶやいてほしい」と依頼があった。さっき通ったので実行。無事日本に帰れればいいがいかに……。

Q　「死神との遠隔対決ですね」
A　神様が戦うのであって僕は何もしません。

京都でレンタルサイクルからレンタルされた。あちらからはレンタルされたけど、こちらからはレンタルせず徒歩で観光した。自分一人でスケジュール調整してるので、たまにあほみたいに予定を詰めすぎてしまい、昨日は五件中四件で遅刻しました。

【11月14日】 #ランボルギーニ

ランボルギーニに乗せられてる。基本は乗らないようにしてますが、今回は「素性のわかる方」「ランボルギーニ」の二点で例外的に引き受けました。たまにコンビニの前で、オープンカーの助手席でぼーっと待たされてる女性を見かけて「うわ、恥ずかしくないのかな?」とか思ってたけど、自分がその立場になり、やはり恥ずかしかったです。

【11月15日】 #ドラッグストア巡り

映画『HUGっと！プリキュア♡ふたりはプリキュア　オールスターズメモリーズ』に同行してほしいという依頼。戦隊やライダーは一人で行けても、プリキュアだけはなぜか難しいらしい。なので普段はDVDになるのを待つけど、今回は「オールスター」ということもあり、どうしても映画館でみたかったそうです。

プリキュアの映画のあと「仮面ライダー ザ ダイナー」というところにも連れてかれた。僕は仮面ライダーフォーゼに出てくる「宇宙鍋うどん」と、「2号、力のメロンソーダフロート」を注文。このあともクリームソーダを飲む依頼が入ってるので、今日はクリームソーダ何杯飲むんだという日になりそう。

Ⓛ

自分はドラッグストアが大好きなドラッグストアオタクです。店構え、売り場、商品などの情報収集のため色んな店舗を見て回るのが好きです。しかし、一人でぐるぐる店をまわってると万引き犯に間違われて店員からマークされてしまうことも多いです――

「ドラッグストア巡りが好きだが店内を長時間一人でうろついてると怪しまれるので同行してほしい」という依頼があり、どこで入手するのかわからないガイドブックを片手にひたすらドラッグストアを巡り歩いた。陳列の工夫や防犯対策など、依頼者の解説付きで歩くドラッグストアはかなり新鮮で楽しかった。

依頼者のお目当てのひとつは、西国分寺駅近くにある「エスビィプラス」。スーパーとドラッグストアが一体になっていて、野菜も魚も薬も買える便利なところだった。「のどかわいてませんか？」と言われて買ってもらったのが「マージョンDX3000 α」。タウリンがリポビタンDの三倍入っててお得らしい。

【11月16日】 #山手線一三周

「一人だと心細いから」という理由で呼ばれることが多いせいか、依頼者が僕と会う際に「一人だと心細いから」と友達を連れてきたときは自分の存在意義がよくわからなくなることがある。

「会ったことない人と会うのは怖い」という心理は普通にめちゃくちゃわかるのでまったく文句はなくて、それだけに一人で現れる人に対しては親近感みたいなのを感じ、賞賛の気持ちすらわく。「よくぞ来てくれた……！」ってなる。

また別の話で、これもまた全然不満なこととかではないけど、依頼者が友達を連れてきてる場合、友達への接し方と僕への接し方とで違いがあって、その切り替えが発生するたびに（ものすごく軽くですが）落ち込んでしまう。

㋹

一度やってみたいと思いつつ実現させなかったことの一つに「一日中山手線で座って過ごす」というものがあります。きっと一人ですることも乙なのでしょうが、隣で誰かがいて、取り留めのないことを喋りながら一日過ごすのも良いなと思い、お願いさせていただきました。

ごはんは二人が食べたくなった時の駅で降りて、その場で探して食べる。そしてまたその駅から電車に揺られる、という状況を考えています。

誰もいない新宿駅で待ち合わせしてる。普通に寒さで震えてます。今日はこの切符で山手線を終電までひたすら回り続けます。

——「おお、一周した!」ってやりたかったけど、依頼者も僕も山手線の駅順を全然把握してなくて、「あれ、もうとっくに一周してますね……?」ってなった。ちなみに、普通の切符で同じ区間をくり返し乗ることは認められていないようです(山手線を二周したら、二周分の料金を払う必要がある)。

——大崎で降ろされた。山手線にも終点ってあるんだ……。大崎に着くたびに大塚と大阪のことを思い出すし、大塚に着くたびに大崎と大阪のことを思い出す。

――池袋～新大久保で寝てた依頼者が新宿手前で目を覚まして「かわいい女の子がいっぱい乗ってる」って喜んでた。

――この時間（二〇時頃）、新宿でいっぱい乗ってくるかと思ったら全然乗ってこない。外回りのほう見たらそっちはいっぱい乗ってた。内回りへの愛着と外回りへの嫉妬心が芽生えてる。

「山手線で一日過ごしてみたいので同席してほしい」との依頼で山手線を一三周した（都区内パスを使わないと不正乗車になるので注意）。リアルな群像劇を観てるようで面白かったが、混んでくると一人分のスペースを割いてることに申し訳なさも感じた。依頼者のツイッターで詳しくレポられてます。(https://pic.twitter.com/nb9H7HKot6)

途中休憩も含めると全体で一六時間半かかり、NEWS布教の七時間、ディズニー同行の七・五時間を悠々と上回りました。疲れました。

【11月17日】＃彼女に下着をプレゼントしたい

今日は朝から「アイカツフレンズ！」というゲームの「ベストフレンズ認定会」というものに参加させられてます。先月やらされたこととまったく同じことをやらされます。

――無事「ベストフレンズ」に認定された。依頼者も大会限定のプロモーションカードをゲットしていた。いま稼働中の第四弾についてはすでにコンプリートしてるとのことで、バ

インダーの厚みがすごかった。

「一人だと心細いので」と、仮面ライダーザダイナーへ連れてかれた。同じ週に二回行くことになるとは思ってなかったが……。

ⓛ

「彼女に下着をプレゼントしなければならないが、一人でランジェリーショップに入る勇気がないので同行してほしい」という依頼。通販を利用しようとしたら「ダメ」と言われたらしい。僕は都合が合わず、購入の報告だけ受ける形で妥協してもらった。無事買えててよかった（当然袋は裏向けてもってた）。

店員さんは事情を言えばわりと普通に対応してくれて大丈夫だったそうで、それよりも会計待ちの間うしろに並んでるほかのお客さんの視線がつらかったらしい。いま思うと僕も同行できてて男二人で行ってたら余計に怪しかっただろうなと思うので、都合合わなくて本当に良かった。

【11月18日】　#ふわふわドーム

「昭和記念公園の『ふわふわドーム』という巨大なトランポリンで一緒に跳んでほしい」という依頼。しかし中学生以下しか跳べないことを現地で知り、座るだけに

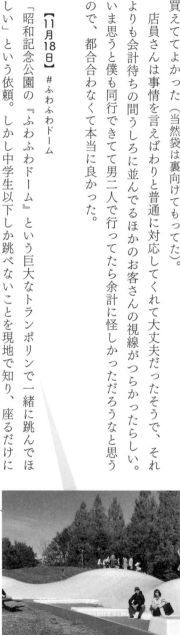

なった。「虹のハンモック」等ほかの遊具も大人禁止だったが「空のすべり台」は子供優先てだけで大人も滑らせてもらえた。たしかに恥ずかしい。

㋹

それほど少なくない頻度で心理学の専門家と間違えてそうな問い合わせがくる。あと、あいさつで一ターン使うの苦手なのでいきなり用件から始めてもらえると助かります。

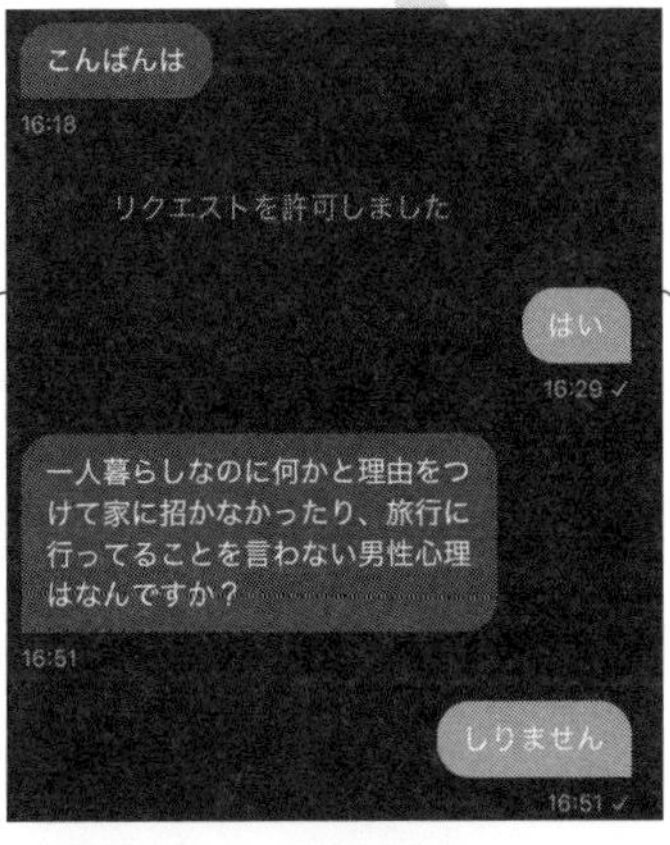

【11月19日】 #弱い話

「歩きながら話を聞いてほしい」という依頼。話というのは、普通に有名な映画や有名な観光地など「人に言うほどではない好きなもの」の話。「面白い話じゃないし」と、友達には話せないらしい。「建物の屋上のタンクを電車から見るのが好き」など情緒あり面白かったが、人に言うほどではないのもわかる。

こういう「人に言うほどではない話」は僕も心当たりあって、かなり前に「弱い話」としてブログに書いたことがあったのを思い出した（http://dktkyk.hatenablog.com/entry/2017/08/02/235738）。あえて人に話すのは抵抗あるけど、誰かに見られる可能性のある場所に書いたり、人から聞いたりする分には抵抗がない。

【11月20日】＃婚活の作業

気の進まない婚活の作業を見守ってほしいとの依頼。依頼DMにも書かれてた「ぁぁぁぁぁ」という唸り声を一〇分に一回くらい上げながら登録作業などに勤しんでいた。婚活アプリの操作ミスで、スルーしたい男性に〝いいね〟を送ってしまった時は天を仰いだり、本当につらそうだった。新宿パークハイアット東京のピークラウンジで、僕は凄いアフタヌーンティーをごちそうになりひたすら楽しかった。

依頼内容
●具体的には
ファミレスかカフェで食べ物食べながら少し話したり見守っててほしい

●詳細
アカウント名の通り婚活しなければならないのですが惰性と現実を直視できない逃避行動でまったくできておりません。

友人にも独身が多いのですが性格的に婚活をしている、といいづらく(男がいなくても1人で生きていける)と話しちゃってるタイプで…

いよいよまずいなと思うのですが1人だとどうしても趣味活動(オタクです)か、休日謳歌で布団と1日を過ごしてしまい、すすみません。

婚活サイトへの登録やメッセージおくったり、パーティーに申し込んだり、情報収集するのをみまもっていただけないでしょうか
ぁぁぁぁぁと苦しみながらやってると思うので軽く話していただけると嬉しいです。

【11月21日】＃大島てる、喧嘩両成敗

「大島てるがやって来る!! 事故物件ナイト」に同行してほしいとの依頼。誰か誘うと引かれてしまうとのこと。期待通り面白かった。「大島てる」とは、事故物件を炎で表示してくれるサイトです。紹介されてたもののひとつが横浜のこの地域。燃えまくってる所とそうでない所の格差が凄い。

人が死んでなくとも近隣にやばい組織があるとかで避けたい物件もあるが、そういう情報は掲載しないのかという話題の中で、大島てるさんが「やばいやつらは動くが、人

が死んだという事実は動かない（だから人の死に関する情報だけを掲載してる）」という主旨のことを言っててちょっとグッときた。大島さんの「人の死の5W1Hを厳密に知ろうとする意欲」と「それ以外の情緒的な部分はドライに受け流す姿勢」は狂気的で美しいし憧れます。

マンションAの屋上から飛び降りた人がマンションBの屋上に落下して亡くなった場合、AとBどちらが事故物件か、AとBの大家さん間で揉めることがあるらしい。「大島てる」のサイト上での扱いはどうしてるのかと司会からたずねられた大島てるさん、「両方事故物件です。喧嘩両成敗」と斬っててかっこよかった。

㋹

二人芝居の稽古場。演出も自分たちでやってて、二人きりなので淋しいし締まりがないので誰か居てほしいとのことだったが、今もう一人来たので自分の存在意義が揺らいでる……。あとから入ってきた人は舞台監督さんで、今日レンタルなんもしない人がいるという話など聞かされておらず最初不審に思ってたそうだが（めちゃくちゃ角度の浅い会釈を交わした）、依頼者が事情の説明を始めた途端「あ！　知ってる！　交通費の人でしょ！」とテンションが上がってて嬉しかった。

終わりまで（三時間近く）いたけど、稽古場は大学の講義室だったので、ハングルの消し跡など、大学の講義室だ！と思えるものをいろいろ見れて飽きなかった。とはいえ結局ツイッターを見てる時間が断トツで長く、ツイッターがある限り無限に時間をつぶせることを再確認した時間だった。

Q 「なんもさん！『レンタルなんかする人』やってもいいですか？ 必ずなにかやらかしてしまう人というコンセプトです」

A 全然面白くないと思いますが、ご自由にどうぞ。

【11月22日】 #新橋のサラリーマン

新橋のサラリーマンにインタビューしたい人に同行しました。「『仕事は楽しいですか』とインタビューして回りたいけど、こういうの初めてで一人だと不安だから同行してほしい」という依頼。やはりなかなか答えてもらえてなかった。ことごとく断られて立ち尽くす姿が夜の新橋と妙に合ってた。

最後僕が聞かれて答えたけど、自分で言ってて恥ずかしくなり、テイク3までお願いしたものの余計キョドってしまった。嫌なことは断ってるか

ら必然的に楽しくなってるということを言いたかった。

家の壁が薄くて思いっきり歌えないのでカラオケに同席してほしいとの依頼。選曲が独特で、友達も誘いづらいとのこと。依頼者はカラオケに熟達してて、歌と選曲を同時にこなし、予約曲数は一九（最大値）に達してた。普段選びづらい曲を選び、好きな部分が終わればすぐ切るということもしてて楽しそうだった。

Ⓛ

Q　「横浜でレンタルさんぽい人が横断歩道を渡ってた。本人かな？」

A　今日は横浜行ってないので、別人です。

【11月23日】　#ホラーにはコーラ

「ホラー映画を一緒に見てほしい」との依頼で映画『新感染』を見せられた。依頼者は映画業界の人で、周囲から「新感染は勉強のためにも見といたほうがいい」と勧められたもののホラー苦手で無理だったとのこと。当日は「ホラーにはコーラ」とか言いながら楽しく買い物してたけど映画は恐怖で号泣してた。

東京タワーの下で足湯してる。

「りんごを五個ほどおすそわけされてほしい」という依頼。好きでいっぱい買ったけどさすがに多かったらしい。新鮮な状態で食べてほしいそうで、友達や職場の人とかだと渡すのに距離があり、依頼者いわく〝スピードが足りない〟とのこと（僕にも〝お早めに〟と念を押された）。さっそく丸かじりで頂いてる。

【11月24日】＃怠惰のために賃貸される日本人

初心に返ってひたすら並ばされています。

補足ですが、今回はとくに何もせず一緒に行動する中で「並ぶ」もあったという感じです。「待機代行」「買い物代行」などの代行依頼は基本的に受け付けてません。一緒に並ぶものであっても、整理券や抽選券を一人分多く受け取る要員など、ズルの要素があるものも最近はお断りしてます。

㋹動画のエンディングクレジットに「何もしなかった人」として掲載された。

㋹「レンタルなんもしない人」がドイツ語で紹介されています（http://iino-takeru.com/ein-japanischer-man-der-sich-fur-nichtstun-mieten-lasst/）。タイトル、「怠惰のために賃貸される日本人」だけど大丈夫か？

【11月25日】＃おにぎり
今日は妻がコミティアに出展するということで家族でビッグサイトに来ています。店番、おにぎりの買い出し、おにぎりを食べてるところを目撃されるなどしました。

【11月26日】＃良くない磁場
依頼者が店を選ぶときなどに「嫌いな食べ物はありますか？」と聞いてきて、「特にないです」と答えると投げやりな印象を与えかねないところ、パクチーが苦手なおかげで「パクチー以外なら何でも大丈夫です」と少しは考えた形跡のみられる返事ができて

るので、最近パクチーへの感謝の気持ちが生まれてる。

㋹

これまでのところ最も難易度の低い待ち合わせ場所は「〇〇駅の△△出口（あるいは改札前）」で、最も難易度の高い待ち合わせ場所は「〇〇駅（大きめの駅）の構内にある△△という店（知らない飲食店）」（大きめの駅の構内ではグーグルマップがまともに機能しないため）だな。両方が駅構内にある不思議。

㋹

多めにもらった交通費は例の新宿のライオンの口に放り込まれます。自分が入れて咆えさせたあと、カップルと男性二人組とが立て続けにお金入れて咆えさせてた（いずれも片方が「ほんとだ！」と言い、もう片方が「ほらね」という顔してた）。そしてそれを見守ってた外国人観光客の団体も咆えさせて「ワーオ」って言ってた。本当にすごいなこのライオン。

――ウケるかなと思って誇張して書いてしまいましたが、多めにもらったぶん全額を放り込んでるわけではなく、たまたま通りがかって気が向いたら入れてま

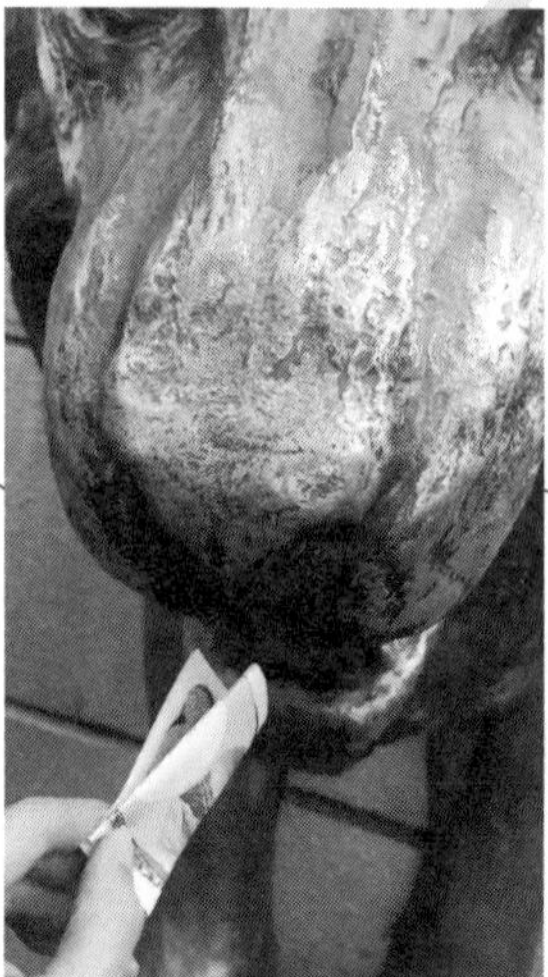

す。こちらへの寄付について、詳しくは知りませんが、「ライオンズクラブ」という団体を通して「災害・子供育成・難病支援」に使われるそうです（前みたときは違ってた気がするので、用途は時期により変わるかもしれません）。

㋹

私は今日北海道から一人で旅行にいきます。上野動物園や博物館に行く予定を立てていたのに定休日で、会う予定だった友達からはドタキャン、一人で浅草観光しようと急遽浅草に宿を取るも雨、そして極め付けは昨日の夜中に携帯を水没させてしまい数時間うんともすんとも言わず、現在は少し回復して充電器を繋いでいるときだけ使えるといった状態で……

今回の旅行が不運続きなので旅行最終日に楽しい思い出を作りたく――

映画『ボヘミアン・ラプソディ』への同行依頼でした。旅行中散々な目にあっていて、最終日だけは楽しく過ごしたかったらしい。携帯が沈黙する前に素早くメモった地図や、久々に見た「写ルンです」からも惨状が察せられる。写ルンですを現像した写真を新しい携帯で撮って送ってもらった。味わい深い。

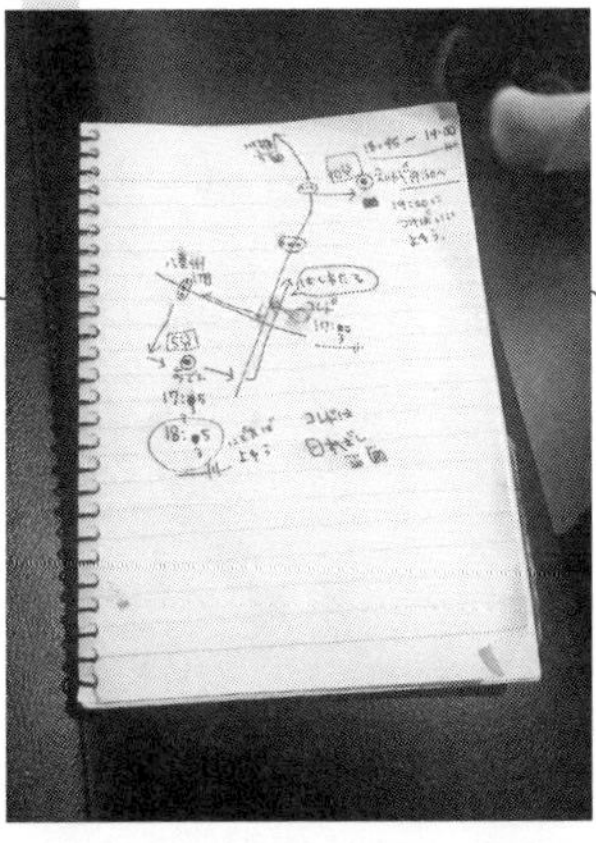

スマホが使えないとのことだったので、多少なんかする感じにはなるけど帰り道も同行したんですが、グーグルマップのGPSが今までにないくらい狂ってて難しかった。このときの依頼者にはたしかに何らかの良くない磁場が発生してた可能性がある。

「甲殻類を食べたいけど一人で甲殻類はなんか抵抗あるので同行願いたい」との依頼で新宿のステーキハウス湛山へ。お目当てのオマール海老はもちろん、フォアグラ、いい肉、全部めちゃくちゃうまかった。デザートのために、鉄板のにおい等が届かない席がちゃんと用意されていた。興奮のあまり〝席〟を撮影してしまった。

【11月27日】 #俺は一体なんなんだ

「自宅に一人での勉強は集中できないから同席願う」との依頼が同じ人から二回あったんですが、二回目は駅までの出迎えもなくこちらの記憶を頼りに部屋まで行きスッと入室、部屋で特に何もせず過ごし、時間になりスッと立ち去るという感じで、これまで以上に「俺は一体なんなんだ」という思いがこみ上げた。もちろんそれを失礼だとは微塵も感じてなく、むしろよく理解してくれてるなと思っています。

催眠術にかけられる依頼で、大量のわさびを食わされた。わさびの辛みが消える暗示と舌の痛覚が麻痺する暗示の両方をかけられたが、「難なく食べれたけど辛いことは辛い」と微妙な結果に。ただ、夜いった定食屋のおすましが全然味しなくて、おすましが薄すぎるのか催眠が解け切れてないのか判らず困った。

【11月28日】＃日本人の口はくさい

「綺麗にした歯を自慢させてほしい（ついでにダイエットの自慢も）」という依頼。綺麗にしたての歯を即日で人に見せたい願望があるらしい。歯を見せられ「綺麗ですね」と言い、半年前の写真を見せられ「痩せましたね」と言って終わり。指示通り言ったにすぎないが依頼者は喜んでて（いつもながら）不思議だった。

自慢の後は、歯のケア用品の詰め合わせを渡され、デンタルフロスの使い方のレクチャーに始まり、フロスに水を含ませ、汚れをとる仕組みを説明されたり、ケアを怠った時のリスクを図解されたりと〝歯ケアの布教〟もされた。「日本人の口は（世界的に見て）くさい。東京五輪までには改善したい」と熱弁してた。

【11月29日】 #依頼者を一人置いて先に帰る

「元同棲相手の荷物を届けるのに同行してほしい」という依頼。こちらが手間かけて捨てるのはくやしいし、届けるのもなかなか億劫なため、人と約束することで足を向かせたかったもよう。荷物は思い出とか関係なく純粋に「捨てるのめんどくさいもの」を選別して持ってきてて、そのドライさがなんか良かった。

届けるのはあっさり完了し、その後はお茶をして解散。少し気が晴れた依頼者はしばらく避けてた「元同棲相手の行きつけの喫茶店」へ。そこで元同棲相手と出くわし、会話もあったようで、なんとなく後腐れも無さそうで何よりだった。僕は本当に何もしてないが、いい触媒になれた感あって清々しい。

ソロキャンプを見守りにきました。これをソロキャンプと呼ぶか微妙なところですが、僕は何も手伝ってないのでソロキャンプとみなしています。

依頼者が塩コショウを持ってくるの忘れたため売店へ。トウモロコシの火の元を任されたが具体的に何をすればいいかわからずなんもしてない。

この時期に屋外で夜を明かすのは寒そうで嫌なので依頼者を一人置いて先に帰りました。当面煙くさいな。

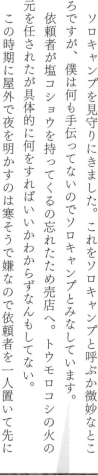

【11月30日】 #警視庁

今日は午前中千葉いって、午後は神奈川にいく。依頼間の移動のこととかあまり何も考えてないからよくこうなる。

東京コミコン2018というイベントに同行する依頼で幕張メッセにきました。アメコミ風のポスターや「警視庁」と書かれた巨大ロボットが目に入り、いまだ何のイベントかわからない。依頼者もよくわかってない。

——滞在時間三〇分だったけどめちゃくちゃ楽しかった……。おそ松さんとカメラを止めるなとデロリアンと二丁拳銃が同じ空間にあって、本当に何のイベントかわからない感じが面白かったです。

㋹

「仕事捗らせツール」としてのご利用。依頼者自身も「一五分作業して五分休憩」のサイクルをアラームかけながらくり返してて、捗らせる工夫が見られた。休憩のたびに「捗ってます！」と報告をくれたので、こちらも遠慮なくおかわりとかケーキとか注文できた。

——今日もらったポチ袋。お金は本当に精神安定剤的なとこあるし、理にかなったデザインだと思った。

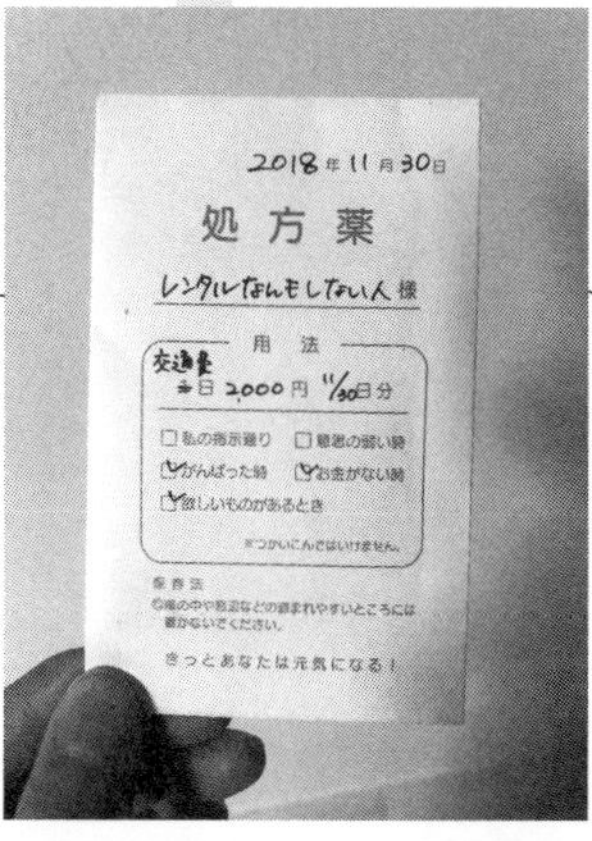

㋹

「プロ奢ラレヤーに奢りたいが一人だと不安なので同行してほしい」という奇妙な依頼、残念ながら実現せず。

8　12月：自分以外の生物がいる状態の自分を確認したい

【12月1日】＃渋谷の写真

「採血が怖すぎるので、前後、恐怖から気をそらすために会話してほしい」という依頼。採血後の気絶経験もあるそうで、対面時は震え気味だったが、無事に終えていた。終えた後も、その日はもう疲れ切って何もできなくなりがちなところ、すぐに忘れて有意義に過ごせそうだとコメントをもらえて嬉しかった。

　この依頼でもそうだったけど、事前のＤＭでのやりとりで、こちらからはほぼ「了解です」か「ＯＫです」しか言ってない状態で当日の待ち合わせを迎えると、「なんもしない人」への理解を感じてめちゃくちゃ感謝の気持ちに包まれる。

㋹

東京を恋しく思ってる海外在住の人から「渋谷の写真を送ってほしい」と言われてた

けど、その依頼ＤＭが埋もれてしまって探し出せないのでとりあえずここにのせて目に触れることを祈る。

——無事目に入ってよかった。

そういえば渋谷駅前にあるこの広告、先日「ドラッグストア巡りに同行してほしい」の依頼をくれたドラッグストアマニアの人が絶賛してた。箱と中身（スティック）を効果的に使っててたしかに良い。

㋹

クリームソーダに疲れてしまい、最近はレモンスカッシュにシフトしてる。

【12月2日】# POWER SUPPLY

四回リピートしてくれてる人がいるんですが、先日依頼中その人がメモをとらないといけなくなったとき、ＬＩＮＥの適当な友達とのトーク画面を開いて、メモを打ち込んで送信してメモがわりにしていて、さすが人の使い方がフランクだなと思った。ツイッターでもよく机のサイズ測ったのとかツイートするらしい。

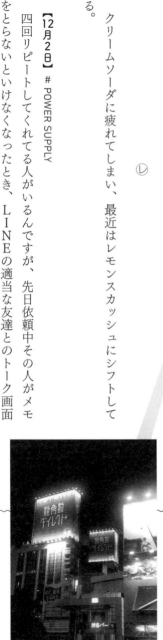

今日は人前での演奏経験のないバンドのリハーサルに居合わせています。本番前に「人前での演奏経験」はどうしてもほしいそうです。使ってた音楽スタジオ、コンセントのあるところの上に「POWER SUPPLY」って書いたシールが貼ってあって、これこの世の全部の空間にほしいなと思った。㋹

さっき国分寺で立ってたら通りかかった人から「すみません、なんもしないかたですよね」って敬称で声かけられて新鮮だった。㋹

【12月3日】 #風船とラーメン2

人が見せてきた携帯の画面を携帯で撮るのが結構好きです。赤い服ばかり着てる依頼者のポケモンGO（ほのおタイプのポケモンばかりをストイックに集めてる）とか、別の依頼者の旦那さん（モロッコかどこかの大地を走ってて、砂ぼこりの立ち方がレトロゲーム）とか。旦那さんは、引きで見るとさらに面白かった。

「レンタルなんもしない人」というサービスを始めてちょうど半年たちました。おかげさまで初日からほぼ毎日何かしらあり、初期の頃は一日一件か二件だったのが最近は三件か四件になっています。最初の依頼で渡された風船はだいぶ衰えてきて、常に揺れています。 ㋹

「ラーメン二郎に同行してほしい」という依頼。半年前に「行列に並んでる間の話し相手になってほしい」という依頼で行ったことあり、初めて行くの怖い気持ちめちゃくちゃわかるため引き受けた。レンタル活動開始初日にもラーメン同行の依頼があり、ちょうど半年目の今日食べるラーメンは感慨深かった。 ㋹

【12月4日】 #東京トガリくん

フードコートの食器返却口。「食器は積み上げないでください」って書いてるのにその上の標示でめちゃくちゃ積み上げられてて笑った。

彼女に東京トガリくんを教えてもらってハマり、彼女とイベントにも行っていたのですが、先月末四年半付き合った末にフラれてしまい何もやる気がでなくなってしまいました。そんな中でも東京トガリくんを見ていると元気と癒しがもらえたのです。

彼女との思い出も大事にしていきたいですが、新たな一歩を踏み出すために、トガリくんとの新しい思い出を作りたくなりました。しかし、男一人で長野から遠路はるばる可愛いクレープを食べに行く&ゲーセンで可愛いプライズ品を取りに行く勇気がなく──

こういう依頼で、UFOキャッチャーで東京トガリくんの景品を入手する作業を見守った。五〇〇〇円使う覚悟だったが見事九〇〇円でゲット。諸々の経緯に加えUFOキャッチャー初ゲットというのもありかなり喜んでた。人を伴うことで、周りの女子高生や度重なる筐体の不具合にも心折られず冷静にプレイできたらしい。

──プレイ中の動画を撮った。ガラスにうっすら映る依頼者が真剣にチョロチョロ動いてるのがわかるでしょうか。こういうのも同伴者がいてこそという感じがした。僕も興奮して、取れた瞬間思わずカメラを止

めてしまい、その後の依頼者の「やったー！」という声をとりそこねたのが悔やまれる。あんなに良い「やったー！」は無かった。

——依頼者の東京トガリ愛、東京トガリくん本人にも伝わったようで良かった……。

——依頼者の方、さっそく手にはめてはしゃいでて楽しかったです！

【12月6日】 #拠点は国分寺

国分寺を拠点にしてるけど国分寺まで徒歩と電車で三〇分かかってる。その分の運賃は持ち出しになるが、国分寺以外での依頼を一日に複数件うけ、それぞれで国分寺との間の往復運賃をもらうことでだいたい補填されるので心配無用です。しかし国分寺には住んでないので、国分寺トークを振られても分からないことが多い。「拠点」と書きましたが、オフィスがあるということではないです。交通費の起点にしてるという意味です。でも国分寺にオフィスあったら最高なので余ってるオフィスをお持ちの方はお知らせください。

【12月7日】 #トラウマの供養

「以前通ってた学校までの通学路を同行し、その頃の話を聞いてほしい」という依頼。依頼者いわく「トラウマの供養」とのこと。ある色の服を着てるとき特に嫌がらせをうけ、その色をずっと着れずにいたそうだが、この日はあえてその色を着ていた。やや気が晴れたようで今後もその色を着れそうと話してた。

Q　「私もトラウマ克服のために一緒に飛行機に乗って欲しい。けど……札幌だから無理かな」

A　往復分の交通費を出していただけるなら可能ですので、ぜひご検討ください。

【12月8日】　#ドリアンを割る

きっと提出後は意気消沈していると思うので軽く甘いものなんか一緒に食べてぽつぽつ愚痴聞いてくれたらありがたいです……。

「被害届の提出に付き添ってほしい」との依頼。相手に悪質なデマを吹聴されたうえ開き直られていた。身近な人は（心配してのことと思うが）乗り気ではなく依頼に至った。告訴状まで用意する本気さで、取調室でもしっかり対応してもらえ、しばらく喉を通らなかった食事や甘い物もガンガン食べれてて良かった。Ⓡ

これから公園でドリアンを割るのを見届けます。
耳鼻咽喉系が弱く今日も鼻炎で鼻が詰まってたせいか、ドリアン全然くさくなくて、娯楽としてのドリアンを堪能することはできなかった。味も「フルーツなのにおいしくない」という感想しか出ず。割るところだけは野性味があって面白かった（ちゃんと野性味のある人が割ってた）。

脱毛サロンからの依頼は「皮膚が弱いので」と断り、カンボジアに行く依頼は胃腸の弱さから不安になりキャンセルし、今回のドリアンの依頼は耳鼻咽喉系の弱さからいまいち堪能できなかった。もはや生物として弱いので、その点だけでも引き受けられる依頼がだいぶ絞られてくる。
臭くなく、おいしくなかったということで、熟れてなかった可能性があるそうです。熟れてるドリアンに関わる依頼は引き続き受け付けています。

Ⓛ

宣伝目的と思しき依頼をこなすたびに、どこかしらで誰かしらが憤慨してる。

【12月9日】 #歌います……

「愚痴を聞いてほしい」という依頼でカラオケボックスに入るも、依頼者は緊張してか全然話が始まらず一時間くらい沈黙が続き、突然「歌います……」と呟いてから残り一時間全力のカラオケが始まったの面白かったです（画面に映った歌手の良さを語り聞かされたりもした）。

愚痴を聞く依頼のとき「くだらない話なんですけど……」と切り出されることが多い。傍目には大したことなさそうな悩みは、人に言っても一笑に付されそうで、遣り場がなく抱え込んでしまうということがあるらしい。明らかな不幸ももちろんつらいが、地味で些細な不幸にも特有のつらさがあるのを感じる。

【12月10日】＃一生誰にも話せない話

自分以外の生物がいる状態の自分を確認したく、六時間〜一日くらいレンタルさせていただきたいです。ご検討お願いいたします。

一人暮らしが長すぎて自分の生活空間に自分以外の生物がいる感覚がわからなくなった人からこういう依頼があり、人の部屋に半日滞在した。出された料理や自家製の酒などをおいしくいただくたびに「自分の味覚は正しかったんだ」と喜んでた。トイレのドアをちゃんと閉める感覚も久々に思い出したらしい。

ついでに、私は生い立ちを隠して生きてきたので、よろしければそれも聞いてください。友人やカウンセラーに言うには勇気がいりますが、フツーに聞いていただけると助かります。

ついでに、誰にも話せずにいる生い立ちを聞かされた。少年院にいたという話で、しばらくして「私、人を殺しちゃったんですよね……」と経緯を話し始めた。一生誰にも話せないと思うとつらかったらしい。誰にも言えず困ってる人はほかにもいるだろうから、この件はオープンにしてほしいとも言ってた。

【12月11日】＃五桁以上の請求書

今朝電話出演したZIP-FMの「High! MORNING!」スタッフの方から「わずかですが謝礼を」と言われ「やったー！」と思ったが、請求書を作って送るよう言われ、それはなんかしてる感じになるので断ったらやはり貰えなかった。一〇万円とかの請求書ならなんもしない感じで作れるのだが……。以前出演したAbemaTVのアベマプライムでは、請求書はアベプラの方が用意してて、僕はそこにサインと押印するだけでＯＫだったので、会社によるんだと思います。

五桁以上の請求書なら手間に感じないので一概には断れない……。

鼻炎と耳鳴り（先週ライブ同行の依頼が続いた影響と思われる）で頭がかなりぼーっとしてるけど、こういうコンディションでも職務をまっとうできる「なんもしない人」という仕事、ありがたい。

「帽子はいつもかぶってるんですか？」とよく聞かれる。映画館など帽子が迷惑な場ではとるけどそれ以外では怒られない限りかぶってる（自分でも多少は「なんもしない人」を演じてる面があり、帽子がないと若干照れが生じるため）。唯一怒られたのは裁判の傍聴席。弁護士の人に「帽子帽子！」と怒られた。

冬場は常にくちびるガッサガサで割れて血が出てます。くちびるはずっと割れてるので、妻からよく「くちびるにくちびる分の皮膚が足りてない」と言われる。

【12月12日】　#ほぼりんご

活動を始めて三回目のヘッドスパを受けた。商業的な何かを施される依頼は、宣伝っぽく映ることがあるようで、それもある場合があるけどだいたいは「経験が浅いので練習台になってほしい」「ブランクあるので勘を取り戻したい」といった自然な需要です。僕としてもタダで体調良くなるしガンガン引き受けてます。

カフェで作業するときサボらないよう同席してほしいという依頼。作業が〝ゴム印ほり〟と独特だった（作業して大丈夫そうな店でした）。請負の作業を終えた後「好きな花ありますか」と聞かれ、即興でボタンのゴム印を彫ってくれた。押されたあと僕がボタンとツバキを間違えてたことに気付いたが言ってない。㋹

「最近は花束を作るのにハマってる」とのことで、過去に作った草花のゴム印を取り出し、さっき押したボタンに添えて押すことで花束っぽくしたのを贈られた。めちゃくちゃ洒落こんでる。以前は丸や四角など単純な図形のゴム印を組み合わせてラジオとか作ったりしてたらしく、いろいろ面白い。㋹

「休みの日とかありますか？」とよく聞かれる。自分ではとくに決めておらず、ほっといたら依頼をギチギチに入れてしまうのですが、妻と共有してるカレンダーに「空けとく」と（勝手に）書かれてる日時には依頼を入れないようにすることで休みをとっています。仕事も休みも完全に受け身でやってる。

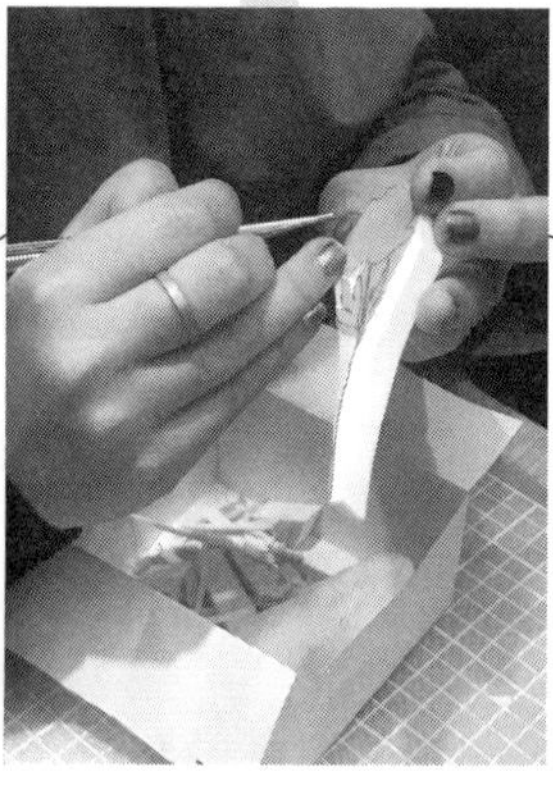
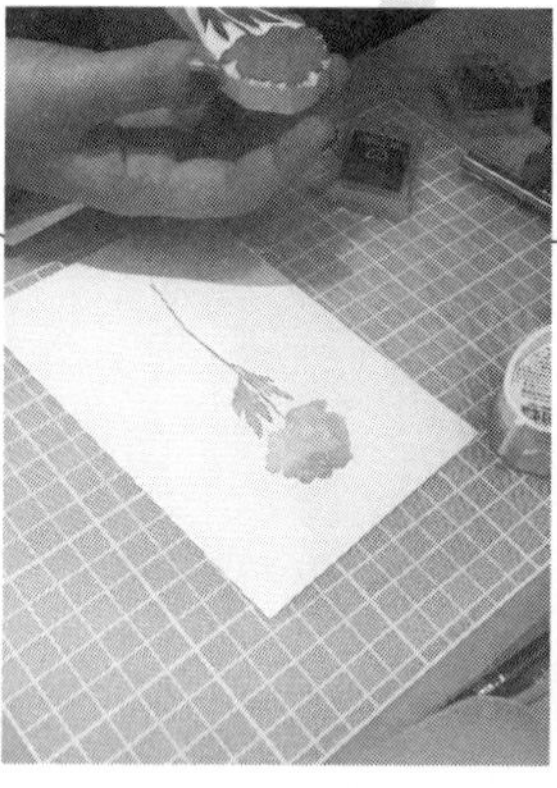

またりんごをおすそ分けされた。依頼者、スーツケースを引いて現れたので「旅行中かな？」と思ったらほぼりんごだけが入ってた。数えてないがリュックをパンパンにする量だった。

【12月13日】#使えないけど生き残ってる

一夜明けてまたりんごをおすそ分けされる。りんごと一緒にオーストリアの「グロッシェン」という通貨ももらった。僕と同じ一九八三年生まれということでくれたらしい。現在はユーロに切り替わり使われていない。「使えないけど生き残ってる」という意味で縁起がいい。

今回のりんごは「義理の実家から一〇キロ届いたけど近所に知り合いもなく困っているので貰ってほしい」という依頼でした。りんごは息子も食べれるのでありがたいです。リンゴのおすそ分けは「おすそ分けされてほしい」という〝依頼〟なので、ちゃんと交通費をもらっています。交通費を払ってでもリンゴを誰かにおすそ分けしたいと思ってる人が結構いるということに驚きを感じている。

自分の妊娠、出産、子育ての話を一方的に聞いてほしいという依頼。本人としてはとんでもない経験だが、〝完全なる自分語り〟だし、友人知人に話すのは気が引けるらしい。「大したトラブルもなく」とあったが、出産まわりの出来事はトラブルとかなくても十分大変であることが伝わった。最後抱っこさせられた。

【12月14日】 #一番怖いのは誰か

大学院の入試で「レンタルなんもしない人」について論述したら合格できたという人が現れた。

パニックで部屋を散らかしてしまったので片付ける作業を見守ってほしいとの依頼。時々パニックが出て物を投げまくってしまうらしい。コップも割っちゃったらしく、プロテインシェイカーでお茶を出された（依頼者はビーカーで飲んでた）。人がいることで捗ったようで、二時間弱で写真の

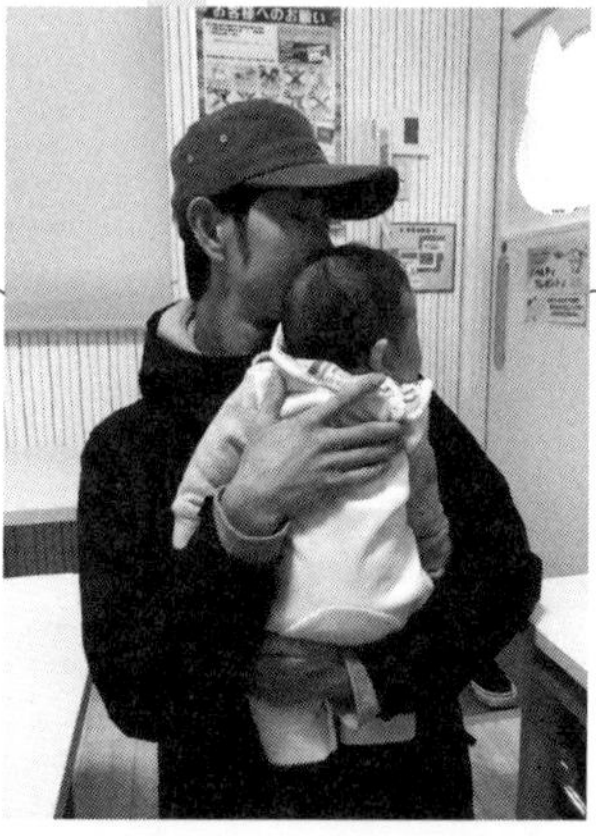

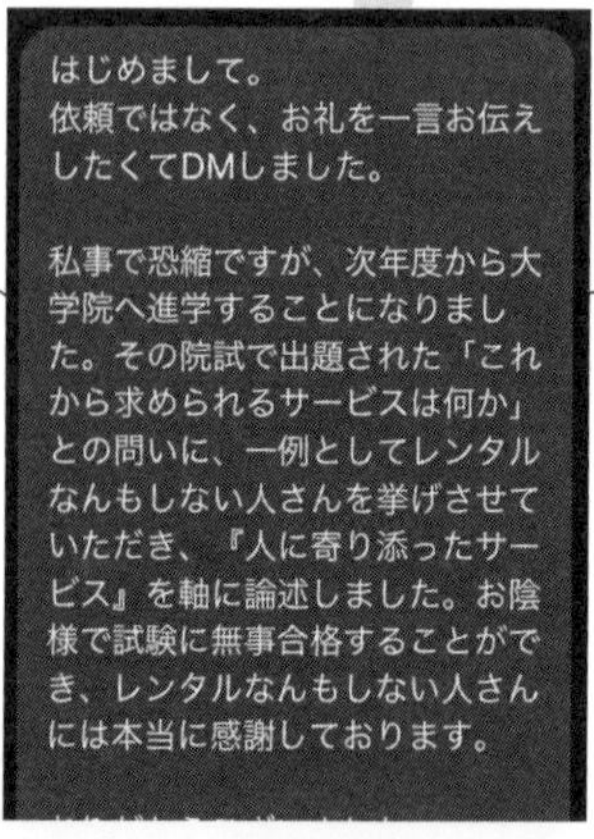

はじめまして。
依頼ではなく、お礼を一言お伝えしたくてDMしました。

私事で恐縮ですが、次年度から大学院へ進学することになりました。その院試で出題された「これから求められるサービスは何か」との問いに、一例としてレンタルなんもしない人さんを挙げさせていただき、『人に寄り添ったサービス』を軸に論述しました。お陰様で試験に無事合格することができ、レンタルなんもしない人さんには本当に感謝しております。

状態まで復元してた。

Ⓛ お化け屋敷が好きなのですが、怖くて一人で入れないのですが、そこについてきてもらうことも可能ですか？

こういう依頼で「畏怖 咽《むせ》び家《や》」というお化け屋敷に同行。お化け屋敷といいつつお化けはいなくて、殺人鬼がいる（殺人鬼に見つかると監禁される）。依頼者に同行してたら見つかって依頼者だけ連れ去られる、ということが二度あった。殺人鬼にもスルーされたことで、なんもしない活動に箔がついた感がある。

まったく面識のない人たちが集まって、参加者六人（二人から実施）での脱出ゲームみたいな感じになってて、囚われた依頼者は別の知らない人が助け出してました。僕は終始なんもしてなくて役に立たず、上級者っぽい人がちょっと怒り気味で、真剣に殺人鬼より怖かったです（僕も一応楽しもうとしていたので、依頼者以外の別の参加者を救出したりはした）。

お化けではなく殺人鬼が襲ってくることで「一番怖いのは、人間。」というコンセプトを体現していた。実際には殺人鬼よりも〝上級者っぽい参加者〟のほうが怖くて、そ

れもコンセプト通りだと思った。

【12月16日】 #とくに何もせずに生きていけるのか

今日は若手俳優とBUMP OF CHICKENと鯖好きアイドルの布教を受けた。

鯖アイドルの津崎真希さんの初ワンマンライブにも同行。本当に鯖を振り回して歌ったり、鯖に向けて歌ったりしてた。受け付けでもらった抽選券の番号が「38（サバ）」で、依頼者も津崎さんも「すごい！」と言ってくれて嬉しかったです（抽選はハズれた）。 ㋹

こないだの大学院入試に合格した例に限らず、実際にレンタルしなくても効果が出る現象は稀ながら起こっている。具体的には、一人で行きづらい場所があるときに「レンタルなんもしない人をレンタルしたい」とつぶやくと、フォロワーの誰かが気にかけて同行してくれる流れになるなど。 ㋹

人間はとくに何もせずに生きていけるのか？（存在そのものに、生きていけるほどの価値はあるのか？）という問いを身をもって検証しようとしてるのが僕の今の活動という感じです。ただ、すでに十分すぎるくらい楽しい思いをしてきたし、誇張ではなくいつ死んでもそれほど悔いは残らない感じがするので、「やっぱりなんかしないと生きれない」という結論が出ようがあまり関係なく満足感がある。

㋹

カラオケのコラボルームに同行中。部屋全体から布教を受けてる感じがする。先日のツイート見てリップクリーム等もくれた。かなり良さそうなやつ。

【12月17日】 #ボランティア活動ではありません
軽井沢に来た。

Q　「何もしないひとりの人を無償で提供するっていうボランティア活動で合ってますか？」
A　人のために善意でやってるわけではないので、ボランティア活動ではありません。お金を多めに渡されたらためらいなくもらったりしてますし、誰か頭のおかしい金持ちが大きな額を無条件に出資してくれないかなとかも思います。
――個々の依頼での諸経費はもれなくもらってるものの、月に一〇回くらいかかる通信速度制限による追加料金分は赤字になってる。

【12月18日】 #シャッター開けます

「面倒なことを一気に片付けたいので同席してほしい」との依頼。換気扇の掃除したり、鍋の外側のコゲを落としたり、カードの住所変更の電話かけたりしててなるほどと思ったが、「初めてシャッター開けられます」と言って窓のシャッターを開けてたのは意味わからず、後で聞いたところやたら深い理由があった。

・ガラスに防犯仕様と書かれたステッカーがあり、センサーを解除しないとアラームが鳴りそう
・土日や夜間に開けるとセキュリティ会社が飛んできてしまう（と思い込んでた）
・女所帯の一階なので、防犯を考えるとわざわざ開けなくてもよいか
・昼間は働いているのであまりうちにいない
・小さい窓からでもそこそこ採光があった
・夜勤に備えて昼間に寝ることもあり、遮光カーテンを導入してた

ⓛ

ツイートしてない依頼は、内密にしたほうがよさそうとか、情報量多くてツイートに収まらないとか、タイミングを逃しただけとかで、ネガティブな要素はないです。一個、ネガティブな理由でツイートしてないのは〝ドッキリ〟をされたやつ。ドッキリをされたら絶対にツイートしないぞという固い決意がある。

【12月19日】 #開店準備のやる気が起きない

「喫茶店をやっているが開店時間にはお客さんがほとんど来ず開店準備のやる気が起きないので開店時間に来てお茶しててほしい」という依頼。写真は開店五分前の様子。開店五分前とは思えず不安になり連絡したらちゃんとこの場所で合ってて、開店二分前に店主が小走りで現れた。「依頼は本気だったんだ」と思った。

――なお、水曜、木曜、金曜のみの営業で、普段はバーをやってる店舗を日中だけ借りてやってるそうです。昼過ぎにはふつうにお客さん来るそうで、頂いたカフェオレもおいしかったです。

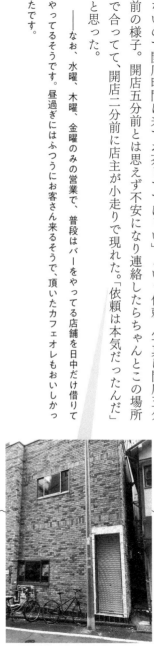

【12月20日】#僕しか客がいない

「演劇のゲネ（本番を想定したリハーサル）をやりたいが、お客さんとの絡みのある劇なので台本を知らない人間が一人必要」という依頼で演劇のゲネに同席しました。客が謎を解くことで物語が進むんですが、今回僕しか客おらず、なんもしないわけにはいかなかった。

「なんもしないわけにはいかなかった」と書いたけど依頼自体は「積極的ではないお客様を想定」「なんもしなくて大丈夫」「やってもらっても大丈夫」という条件だったので引き受けました。とくに頑張らなくても演者さんがうまいこと進めてくれそうな感じがしたので、謎解き苦手でも楽しめると思います。

㋹

一二月二三日の天皇誕生日、平成最後の一般参賀に同行してほしいという依頼が三件くらい来たけど、一般参賀でない別の先約があり全部お断りした。なんかちょっと不敬なことした気分になってる。

【12月21日】#本物の犬

長年住んだ街からの引越しに際し、犬の散歩によく使ってたルートを改めて歩きたいので同行してほしいという依頼。犬は高齢で長く歩けず、一人だと感傷的になりすぎるとのこと。引越し前で慌ただしい中、犬の模型を手作りして臨んでた。「こんなときに何してるんだ」とこぼしつつも楽しんでた様子だった。ルートの途中に「三億円事件の現金輸送車が乗り捨てられていた場所」があって、犬の模型にそれを見せてるのが意味わからなくて笑った。本物の犬を見かけるたびに「本物の犬」と呟いていたのも面白かった。時々「もう来ないのかーまじかー」と言ってて名残惜しそうだった。

ⓛ

もう何度目か忘れましたが、アイカツのイベントに同行中。なぜかアイカツ系の需要が高い。

ⓛ

知ってる人がほぼいない忘年会に来たが（依頼で）、みんな誰かと喋っててまだ誰とも会話してない（座れてもいない）。手ぶらだとより変だからという理由だけで食べ終わった食器を持ってる。

——荷物置き場になってたソファの一部が空いたので座れました。よかった……。

――この忘年会、みんな高い会費払ってるなか僕はゲスト枠みたいな感じでタダで飲み食いできてたんですが、こういう場合、呼んでくれた主催の方は歓迎してくれても参加者としては腑に落ちない部分あって当然だと思うので、やはり大勢の集まりに呼んでもらう場合はその場の全員の合意が不可欠だと感じました。

【12月22日】 #上限解法

スマホゲームをただ見守る依頼。好きなキャラの〝親愛度〟を上限の999まで上げるのが目標（クエストを大量にこなすことで上がる）。100までは上げるごとにキャラが強くなるけど101からは変化なく、純粋に〝キャラへの愛〟で上げてるらしい。途中で「本気出します」とスマホを持ち上げたのがかっこよかった。

依頼は充電がなくなるまでの二時間ということだったので、その日は850→863までしか上げられなかったが、依頼をしたことでスイッチが入りスピードが上がったらしく、後日、親愛度999になったという報告をもらった。ただ、運営から「上限解放」というものの発表があり、一二月二五日から親愛度の上限が9999になるかもしれないらしく、また気が遠くなった。

【12月23日】 #巨大な冷蔵庫

先約がなければ成田空港で迎えてくれますか？　留学先へ出発する日の早朝、大好きなおばあちゃんが他界してしまい、お葬式へ行くことができませんでした。
日本に着いたらやっとお墓参りができるので、空港に着いたら寂しい気持ちになっているとと思うので、誰かが手を振って迎えてくれたら心強いなと思っています。

こういう依頼で成田空港の到着ロビーまで依頼者を出迎えに行った。会ったことない依頼者を瞬時に認識して出迎えるのは難しかったが、わかりやすい格好してくれてたおかげでなんとか見つけて手を振れた。精神面はよくわからないが、到着後のいろんな手続きの間の荷物番として実用面で貢献できた気はする。
「歌いたい」とのことでカラオケにも同行。ひとしきり歌った後、おばあさんの話をし始めた。おばあさんの家には巨大な冷蔵庫が二つあり、両方の冷凍室にありとあらゆるアイスがぎゅうぎゅうに詰められてて、いつでも好きなだけ食べていいよと言ってくれてためちゃくちゃ優しいおばあさんだったそうです。

——その後「ミュージカル テニスの王子様」（通称、テニミュ）に同行中。いまだ男性客を見てなくて焦ってる。

【12月25日】　#本当になんもしないな

今日は演劇のアフタートークに呼ばれています。演劇のテーマと「レンタルなんもしない人」に何かしらの共通項があるのではないかとのことで引き受けました。「入退場自由」が若干怖い。

——無事終了しました。なんもしない人を謳うことで、会話中に沈黙が流れても「合ってる」とみなされて気まずくならない（今回は〝本当になんもしないな〟的な笑いも少し発生した）ことが再確認できてよかった。領収書を求められてやや戸惑ったけど、完璧な指示がありその通りやるだけだったので大丈夫だった。

【12月26日】 ＃botだと思ってました

今日大阪で依頼くれた人が「本当にいたんだ」「画面の中から出てきた感じ」と言ってた。この感覚は僕も依頼者に対してあって、僕のほうからは顔も知らないので「実在した」という感動はより強いかもしれない。ほぼ毎回のことながら、ほかに趣味をもつ必要を感じないくらい自分の中でエンタメ化してる。

ツイートがいつも淡々としてて感情ないように見えるらしく、たまに「bot（自動ツイートするプログラム）だと思ってました」って言われる。

【12月27日】 ＃すべてグッドでしたので

一二月一六日に依頼者にもらった「BUMP OF CHICKEN 超主観的ほぼ全曲レポート」、読み物として優れてて、今回の旅のお供にしてる。「曲自体はすごくいいのに、私的な思い出に邪魔される」「不倫相手の結婚記念日が一二月二五日なため

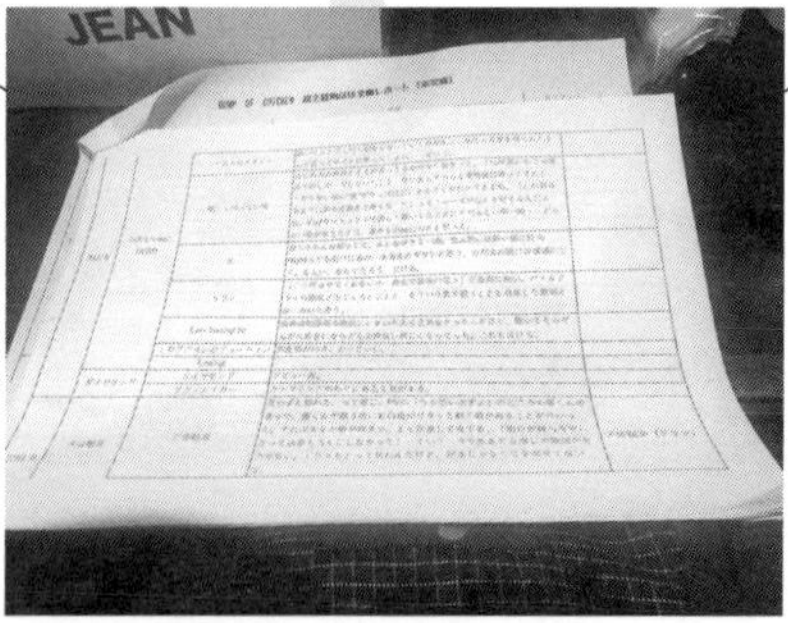

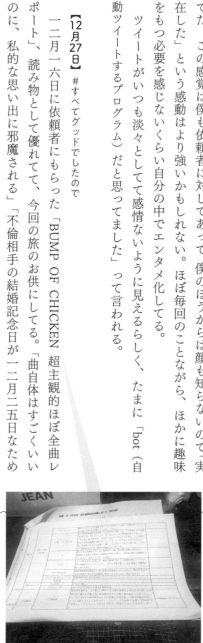

めちゃくちゃクリスマスが嫌いな私でもアレルギー起こさずに聴ける曲」など本当に超主観的で面白い。

㋹

フジテレビの「アウト×デラックス」から出演の打診があり、こないだ打ち合わせに行ったら「アウトな要素が一個もない」と言われ、さっき「すべてグッドでしたので今回は見送らせていただきます」と落選の連絡があった。

【12月28日】　#寒すぎてサッポロポテト

渋谷ハチ公付近にて路上ライブに居合わせてます（依頼で）。めちゃくちゃ寒い。風もありＱＲコードなかなか読み取れない……結局諦めたもよう。ＱＲコード、その後台に貼り付けたけど、タワレコの袋に遮られて読み取れない。

――ツイッターみて来た人からカイロの差し入れがあった（僕に）。

――めちゃくちゃ寒いけどなかなか交通費もらえない。

――終わりがみえない。このバンド寒さに強すぎる。

――寒すぎてサッポロポテトでも食べながらじゃないととてもじゃないが帰れない（一二時四八分）。

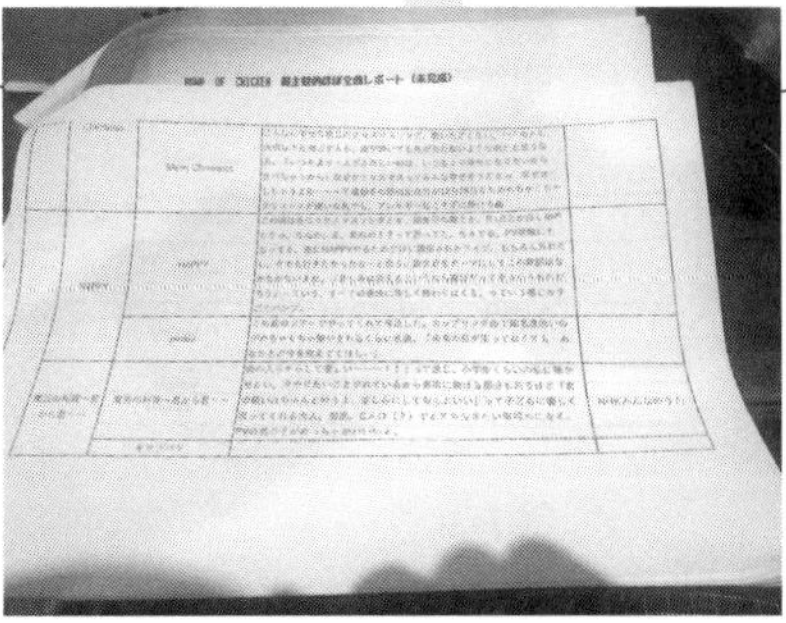

【12月29日】 #ホチキス

個人的にストーカー（未遂）と感じているだけで何も措置できないこと、そのストーカー（未遂）が同僚であるため社内でおおっぴらに態度を変えることもできず、悪い人でないことは分かっているので波風を立てるつもりはなく周りにも相談できないこと、あくまで（未遂）なので友人たちには相談して大事になり心配かけてしまうのも気が引けるので、まっさらな状態でなんもしない人さんに愚痴として聞いていただけたらと思います。

話の内容としましては、資料をホチキスで止めようとした瞬間に上司に呼ばれて数分席を離れたのですが、戻ってくるとなぜか資料がホチキスされていて、それ「僕がやっておきましたよ」とアピールしたげな視線が向こうから飛んできてる——

「つきまとってくる人の話を聞いてほしい」との依頼。（未遂）とあるように、具体的な嫌がらせ行為を受けてるわけではないものの、かなり不気味なもよう。大っぴらになると事態が悪化しかねないため同僚にも話せず。このホチキスの件などを上司に相談しても「それはお節介だねえ」で済まされるらしい。

聞く限り、相手は何らかの発達障害を抱えてて、悪意はなく、好きな人へのアプローチの仕方が不器用すぎるだけなんだろう、憎むべきは彼自体ではない、と僕も依頼者も感じていた。なのでもし相手に何らかの制裁が下り心配がなくなったとしても、それはそれでモヤモヤしそうとのことで、難しいなと思った。

Ⓛ

「少年ハリウッド」というアニメのライブ上映会というものに同行中。今回はペンライト振らされもします。

【12月31日】 #誰にも言えないしつらい

「誰にも話したことがない自分の生い立ちの関係でいま悲しい思いをしているが、誰にも話せずつらいので聞いてほしい」という依頼。最初は「やっぱり今日は無理そうです」と言ってたがしばらくして「ロシアには結構いるみたいなんですけど……」と、自分が過去にオウム真理教に入っていたことを明かした。

「本当のことを本人の口から聞きたかった」「死んだらもう戻らないのに」と今年の死刑執行にやりきれなさを抱えてるようだった。教団の人はみな純粋で良い人たちだったらしく「井上さんには良くしてもらった」と懐かしみつつもやはり悲しそうにしてた。たしかに誰にも言えないしつらいだろうなと思った。

Q 「レンタルさんが時々、『誰にも言えない話を聞いてほしい』という依頼を受けている事について、教会の懺悔室に例えている人がいて、宗教の役割も果たしているのかなと」

A 教会と違って僕はインターネットで軽々しく言いふらしているので何の倫理観もありません（個人を特定されないようにだけは気をつけています）。

「重い話を聞くとそれに引きずられて精神的につらくならないですか？」とよく聞かれるけど、そういう感覚がないのでこの活動向いてるんだろうなと思います。本当によく聞かれるので「それ、なんなの!?」と逆に驚いています。

年末ということで、こないだ五〇円で購入した「ひみつ」を取り出してみた。現れたのはこのようなメッセージ。購入価格と同じ五〇円玉も入ってたので金返せとも言えない。

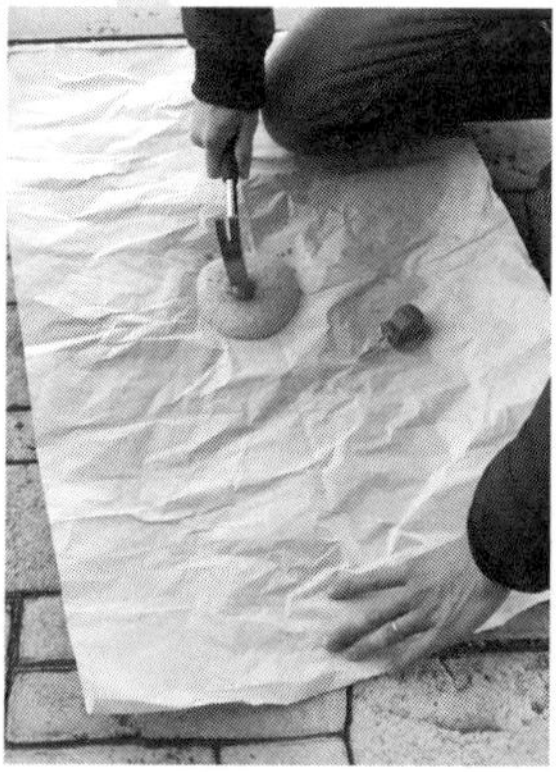

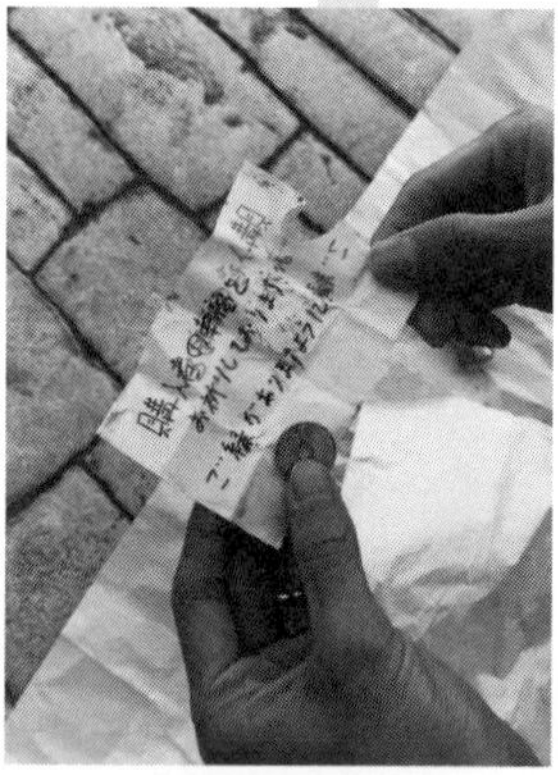

9　1月：私入院してまして、お見舞いきてくれません？

【1月1日】 #明けましておめでとうございます

年末高熱が出てましたが（インフルエンザではなかった）体調回復してきました。しかし、高熱によるドタキャンでご迷惑をかけてしまったキシダチカさん、代わりを募った結果、明らかに僕が行くよりも楽しそうな感じになってて腹立つな。

【1月2日】 #なるほど、OKです

「人に物を贈るのが好きだが、知り合いだと『返さないといけない』と思わせて逆に迷惑になりかねないので、なんもしない人に贈らせてほしい」という依頼。たまにこういう最高の依頼がくるが、はしゃいだり感激したりするとかえって気を削いでしまう気がして、やたら平静をよそおって返事してしまう。「こんばんは。なるほど、OKです」。

アプリはgifteeでした。

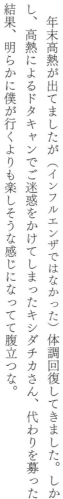

――このツイートを見た人から「私も」とまたもらえた。今年はこの意味わからない流れに乗っていきたい。

【1月3日】 ＃会食恐怖症

新年会に向けて、人と一緒にご飯を食べることのリハビリをしたいので食事に同席してほしいという依頼。極度の人見知りかと思いきや〝会食恐怖症〟という病気で、特定の人を除き、人とご飯を食べると吐き気など不調が現れるらしい。同僚から食事に誘われたときの断る理由も尽きてきたそうで大変そうだった。

【1月4日】 ＃猪を馬鹿にしてる

今日は朝から井の頭公園で、猪を着た女性が通行人に挨拶してるところを見届けています。

――身をかがめて猪の度合いを強め出した。正面から見る猪は不吉な表情してる。

――猪を馬鹿にしてる。

いい新年の迎え方ができました。

【1月5日】　#インターネットで言ったのに

グルメ漫画限定の読書会に参加。「人が集まらないので……」とのことで、実際僕をいれて三人だったので僕が断ってたらと思うとゾッとした。最初、依頼者がざっといろんなグルメ漫画を紹介してくれたんですが、とくに「自分のパンを殴らせて、その弾力の強さを誇る男」の場面が印象的だった。毎回テーマの変わる読書会で、今回のテーマが「グルメ漫画」でした。前回は「猫の本」だったそうです。

単行本以外のものもタブレットで紹介してた。聞くと『包丁人味平』がグルメ漫画の道を最初に切り拓いたらしい。『クッキングパパ』は八〇年代に連載開始で、主人公が家で料理してることを外では隠してるあたりに時代を感じるそう。

気になったのを一つ選んで読む時間があり、迷わず施川ユウキさんの『鬱ごはん』を選択。たくさんのグルメ漫画を前にして「料理って素晴らしいよね！」という説教臭い圧力を感じていたところ、この漫画だけは非グルメに寄りそってくれた。『孤独のグルメ』の〝めちゃくちゃマズそうに食べる版〟という感じで面白いです。

㋹

続いて急遽ロフトプラスワンで行われる「今日ヤバい奴に会った」ファンミーティン

グ（vol.2）に同行する依頼が入った。出演者はインドの屋台の動画をYouTubeに上げてる人たち。「あの動画に出てくる料理を実際に食べてみよう」のコーナーでは横でインド人が本気で料理してて面白かった。料理は客席に回されたが僕は病み上がりを理由に手をつけなかった。今日は〝食〟の依頼が続いた。

イベントのあと「少し感想とか話しましょう」ということで喫茶店にも同行。そこでは「昨日、とあるグルメライターに振られた話」を聞かされ、それに対する感想を求められた。どこまでも〝グルメ〟が付いて回る日だった。

依頼者、「急なことでポチ袋とか用意してなくて……」と、交通費を処方薬の袋に入れて渡してきて笑った。「外用薬と内服薬、どっちがいいですかね……？」という謎の選択肢もあった。

㋹

読書会の主催者の人、思うように人が集まらなかったことについて「インターネットで募集したし、たくさん来るかなと思った」って言ってたなんか面白かった。これインターネットで人を集めようとしたことある人あるあるなのかもしれない。自分もこないだ「なんもしない人バー」みたいなのをやったとき、全然だれも来ない時間があって、「あれ、インターネッ

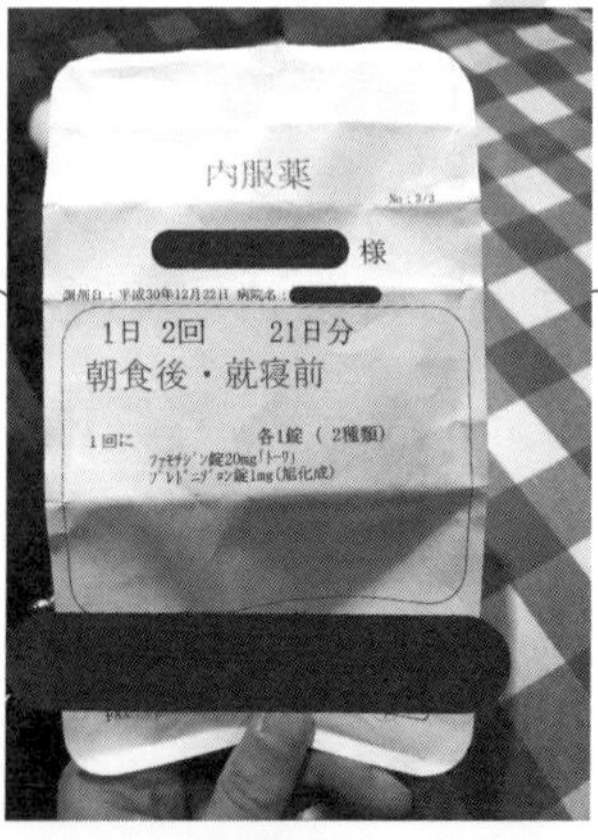

トで言ったのにな……」って気持ちになったので……。

どれだけたくさんの人にいいねやリツイートをされても、フォロワー数からそれを引いて「こんなたくさんの人にスルーされた」って思ってしまう。

このつぶやきに対して「いいねやリツイートの数なんて気にしないほうがいいよ」というアドバイスをいくつかもらったけど、結果的には気にならなくなってるので大丈夫です。「世の中の大多数の人からは無視されてる」という感覚がベースにあり、反響が一〇〇でも一〇〇〇〇でも誤差に思えるので数字が気にならない。

【1月6日】　#めちゃくちゃよく行く喫茶店

たまに依頼者から〝クソリプ〟について心配されることがあるけど、クソリプをもらうことで相対的に僕が真っ当な人間に見えるという、むしろありがたい面がある。

〝クソリプ〟の定義について掘り下げて話したとき、「明らかに嫌なこと言ってくるのはこちらも容赦なく対応できるのでいいんですが、きっとよかれと思ってのニコニコリプライは、善意なのはわかる分、対応に困る」と言ったら「それがクソリプです」と言われてなるほどと思った。

Ⓛ

買い物に同行。若い女性向けの服屋で依頼者が試着室に入った途端、そこに存在することの難易度がグッと上がった。

——時間が空いたので新宿のめちゃくちゃよく行く喫茶店へ。めちゃくちゃよく行きすぎて入る前に家の鍵だしちゃった。

㋹

えらいてんちょうの『しょぼい起業で生きていく』、面白い。たしかにおすすめしたくなる。今日ちょうど「いま迷走してるんです」という話を聞く依頼があったのでその依頼者に一冊譲り（前に新大阪でこの本をプレゼントされた）、そのあとまた自分用に買い直した。新宿の紀伊國屋でめっちゃ大きく売られてた。「俺はこの人からレンタルされたことがある」を自慢しながら生きる老後が見えた。

——「自著にサインをさせてほしい」という依頼。明らかにPR感があるが、事実として本がおすすめなため引き受けた。「お年玉を受け取ってほしい」という依頼も追加で発生してラッキーだった。

【1月7日】　#ウズラ

こないだ動物病院に勤めてる依頼者が「ウズラの解体できるようになったんです」と言ってて「？」となったが、患者のフクロウに餌を用意する際にウズラを解体しないといけないいんだそうです。その一方で、患者のウズラには治療をほどこすらしく、動物病院の仕事ってなんか凄いなと思った。

Q　「他の誰かが『レンタルなんもしない人』をやるのは難しいと思いますか？」

A　これは、なんもできない僕がかろうじて見出した自分特有のポジションで、真似しようとしてもできてない現状があると思います。というのも、真似ようとしてる人たちは「ほかになんかできる人たち」であって、「レンタルなんもしない人」に向いてないからじゃないかと思ってます。

【1月8日】 #その彼女が「私」です

いくつか理由（社内恋愛だから職場の人には話せない、家族にはあまり恋愛の話をしたくない等）があって、他の人には話せないので「好きな人の魅力と、私がどれだけその人を好きかを思いっきり語るのを(無視しない程度に)聞いてほしい」という依頼。「写真あった方がいいと思って」と出した写真が全部フェイスブックから勝手に引っ張ってきたもので笑った。話す内容のメモ「好きなところ〜見た目編〜」「好きなところ〜中身編〜」と章立てられてて凄かった。

依頼について、「存在」というより「概念」のレンタル（？）みたいなのはこれまでもたまに発生してて、大学院入試の論述でレンタルなんもしない人について述べた人が合格したとかもありました。何かを考えるときの材料にしてもらう形のレンタルは、こちらは真の意味でなんもしなくていいので助かります。

㋹

「修士論文の提出に付き添ってほしい」という依頼。不備がないか不安で一人だと心細いとのこと。教授に判子もらいにいく、図書館にコピーとりにいくなど結構大変そうだったが、特に不備なく無事提出でき「よかった〜」と安堵してた。人生でそう無いであろう凄い解放感を伴う出来事に立ち会えて良かった。

――同行中「前に『彼女にフラれた』っていう依頼者（一〇月一〇日）とボウリングしてましたよね。その〝彼女〟が私です」と言われ驚いた。同じ大学にいるらしく、前にすれ違った際「（ボウリングの投球動作しながら）うぇ〜い」って茶化したら「あの人かなり上手くて悲しかった……」と凹んでたらしい。

【1月9日】 #人に言えない話をきいてほしい

「人に言えない話をきいてほしい」という依頼者。知人や「レンタルしたおっさん」に話したこともあるそうだが、人間関係や金銭を介して相談すると「よし私がなんとかしてやろう」的に何かしらの爪痕を残そうと余計なことをされ、それが「相談する側とされる側」の上下関係も生み、いたたまれなかったらしい。

㋹

DHCのリップクリーム、切り口が斜めになってるせいか男が堂々と使うにはややハードルが高い。が、やはりめちゃくちゃ良くて、使い始めてからずっと「冬なのに割れてない！」という驚きが続いてる。日頃「くちびるの皮膚足りてないんちゃう？」と言ってきてた妻も「皮膚って売ってるんやな」と感心してた。

㋹

刀剣乱舞のコラボカフェ「刀剣茶寮」にて、ご飯とドリンク四杯を注文し、ランダムでもらえる特典コースターの収集に協力してほしいという依頼。見事お目当てのコースターを引き当てたようで、「もうここに来なくていい！」と歓喜の声を上げていた。

【1月10日】　#人生で初めて会議で役に立てた

本日、不安で仕方なかった新年会を無事に終えました。いま帰り道です。先日レンタルさんにお付き合い頂いた後、上司に会食恐怖症であることを打ち明けることができ、今日は店選びなどもかなり気遣っていただけました。
……略……食事はうまくできなかったものの、こんな楽で楽しかった会食は初めてでした。……略……まだまだ「普通に食べる」のは難しいですが、とても自信になりました。

会食恐怖症の依頼者から無事に新年会を終えられたと報告あった。僕に一度打ち明けたことで周りに打ち明けるハードルが下がり、いろいろ配慮してもらえたもよう。「あのツイート後、悩んでる方々が次々に現れて少し気が楽になった」とも言ってて、ツイッターの反響込みで効果を発揮したレンタルとなった。

Ⓛ

知らない会社の人たちによる知らないサービスの開発会議に出席させられてる。みんなパソコン見てるなかバーガー食ってる。そして会議が盛り上がってきてるところにガトーショコラきた。

――今日、人生で初めて会議で役に立てた感ある。

そういえば、こないだ依頼者から学生時代の苦手科目を聞かれて「国語、とくに小説」と答えたらめちゃくちゃ納得された。

「卒業論文二万字を書き終えたら報告するので『おつ』と労ってほしい」という大学四年生からの依頼。精神的に追いつめられ、締切の六日前時点で一文字も書いてない状態だったが、さっき無事に報告がきた。

Ⓛ

レンタルさん！　卒論終わりました！　提出も済ませました！　レンタルさんに宣言したことで自分自身にも宣言した気持ちになり、なんとかやり切らねばと思えました。

――ありがとうございます！

指定通り「おつ」とだけ返したら、アマゾンギフト券二〇〇〇円が送られてきた。文字単価一〇〇〇円という超高給仕事となった。

Ⓛ

「はじめまして、不意に人にお金を渡したくなったので、アマギフを送っても大丈夫でしょうか？」という依頼。大丈夫に決まってるので引き受けたところ、五〇〇〇円分きた。思わず、ありがとうございますの後に「！」を五個つけてしまった。年始から意味わからない流れが続いててありがたい。

――流れが止まった。

Q「レンタルなんもしない人の時と、プライベートの時と、何か違いはありますか？」

A 帽子を被ってるか被ってないかの違いがあります。

【1月11日】 #友達とだと置きにいってしまう

ZOZO前澤社長の一〇〇万円企画で一〇〇万円当たった人から「夢じゃないですよ、本物ですよ」と言ってくれという依頼がきた。

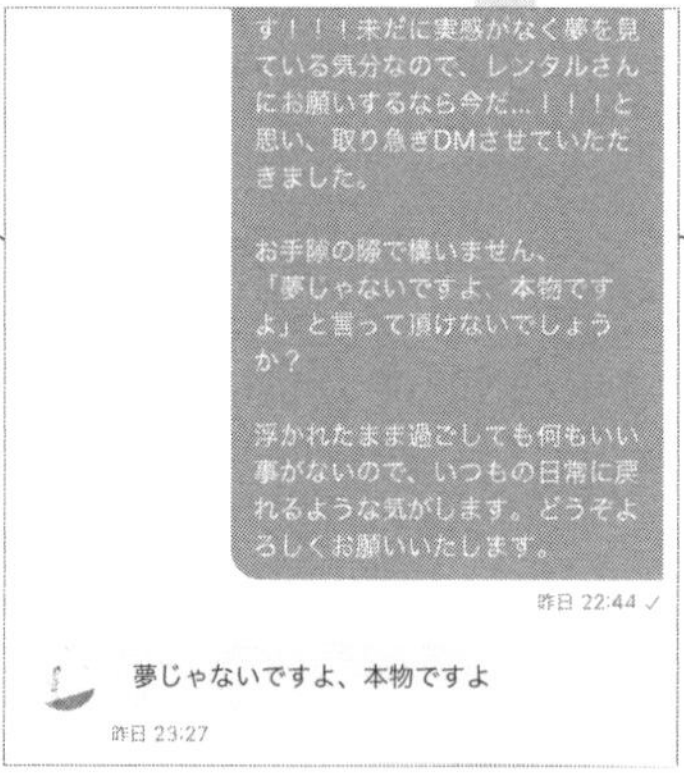

カラオケ同席、そろそろ五時間たつ。コナン主題歌祭り（映像がすべて同じだった……）、水樹奈々祭りを経たが、「コナンはこれで最後です」「あ、はい」くらいしか会話がない。カラオケに同席する依頼はわりとよくあるけど動機はさまざまで、今回は「一人だと自己満足だし、友達とだと置きにいってしまうので……」とのことでした。

基本的に淡々と歌いあげるなか、たまに高音が出ず「あ、無理」ってなってて、その歌を好きで歌ってる感じが余計によく伝わってきて良かった。
依頼者から「有名になるといろいろ大変でしょうけど、有名税ですね」と言われ、「所得税を払うほどの所得もないのに有名税は払わないといけないなんて」と言ったら笑ってもらえた。

㋹

最近の良い流れの中でスタバギフト券をもらったので、人生通して絶対に選ぶことはなかったであろうVentiサイズを注文。デカいというより長い。「贈り物が好きだが、家族に贈ると一人だけに贈るわけにもいかず思いのほか出費がかさんでしまう」という、僕にギフト券をくれた理由が新鮮でなるほどと思った。
——家族に相続しようとすると揉めるので第三者に遺産を受け取ってほしいという依頼とかアリです。

【1月12日】 #お見舞い

「お見舞いに来てほしい」という依頼。家族は遠方でなかなか来れないとのこと。薬物の大量摂取による自殺未遂で搬送されたため部屋は閉鎖病棟にあり、

> はじめまして、こんばんは。
>
> あのー私入院していまして。
>
> お見舞いきてくれません？
> もう1か月近く入院してるのに、
> 家族が誰も1度も面会来ないんですよー。
> 別に本名とかバレてもどーでもいいんで、適当にレンタルさんの分のお弁当持ってきてくれたら、交通費と弁当代出します。

イヤホンを含むコード類を置けないのでテレビも見れず暇らしい。行くとすぐ「サインください」と言われたが適当な紙がなく、入院のご案内に書かされた。

「レンタル時間的には一〇分～三〇分、オセロ一回戦くらいでどうですか？」という暇潰しのオセロで大勝してしまい心配したが、その後お気に入りのブランド（BLACK BRAINという薬物大量摂取をモチーフにしたやつ）をウキウキで紹介してたし、大丈夫そうだった。Tシャツにはデザイナーが自分の搬送される様子を撮った写真がプリントされている。「搬送中、撮影できるくらい意識はハッキリしてる」と経験者は語る。

――「なんもしない」の定義は曖昧かつ主観的なもので、日によっても変わる。呼吸するのと同じような無意識感でできるものという感じ。とりあえずこの日もなんもしなかったです。

㋹

刀剣乱舞2.5Dカフェ×刀剣茶寮に同行中。三日前とまったく同じ内容の依頼（依頼者はちがう）。

㋹

さて、年始からの流れが現実空間に波及してきた。

こないだ依頼者が「友達ならこうやってとりとめもなく話したり沈黙が続い

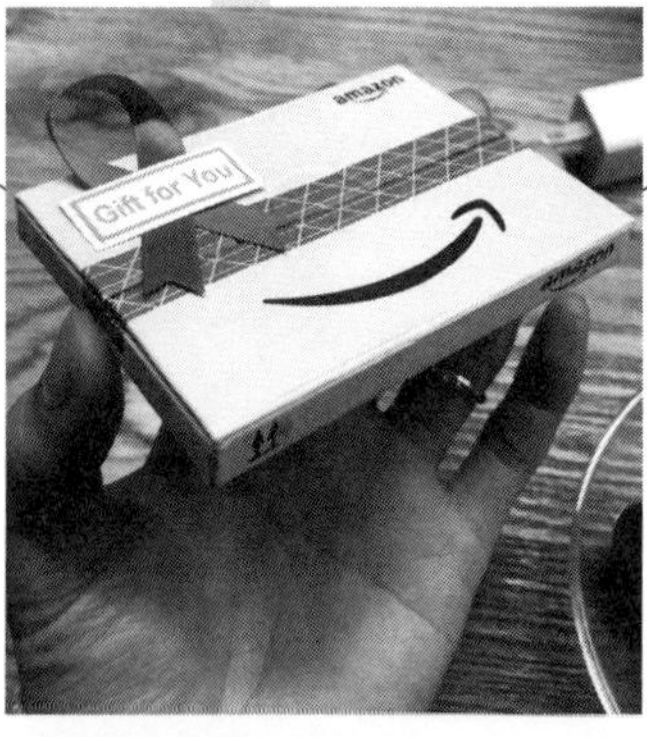

たりしても大丈夫な間柄になるまでには何年もの時間とその分のお金がかかる。でもなんもしない人を呼べばその時間をすっ飛ばせる」「今かなり贅沢な気分」と言ってて、このサービスには何らかのコストカット効果もあることを知った。

【1月13日】 #フタをどこに置けばいいのか

……また西武新宿線高田馬場駅の終点感にだまされて降りてしまった。

今日は漫画「からくりサーカス」の舞台劇に同行してます。凝った袋でチケットと交通費渡された。クライマックスの戦闘シーンでBUMP OF CHICKENのかっこいい感じの曲が流れててかっこよかった。こないだ渡された「BUMP OF CHICKEN超主観的ほぼ全曲レポート」（一二月二七日）をさっそく取り出して確認してみたが「まだ聴いてない」だった。

ⓛ

よく知らない会社の新年会に出席中。知らない人たちと、知ってるけど打ち解けてない人たちの中でなんもしてない。ピザを食べようとフタをとったけど、フタをどこに置けばいいいか分からず。序盤から厳しい場面。

――プロ奢ラレヤーが来た。存在に気付いたときにはすでに箸もってて「ぽいな」と思った。僕は醤油がどこにあるかわからないのを口実にウニとイクラ中心に食べてる。

「成人おめでとう」「災難でしたね」「ワクワクがとまらないんだぜ〜今日は武道館でね〜ちゃんも一緒にダッシュしよ〜ぜ☆」

——今日も指定された文言を返信するだけで金品をもらえた日だった。

【1月14日】 #わんこそば

「小説の新人賞に応募する原稿の追い込みをかけたいので同席してほしい」という依頼。一人だとサボってツイッターを見すぎてしまうとのこと。僕は依頼者が持参した漫画を適当に読んで過ごした。初対面の人が同席し、初対面の人に作業ルール（休憩は一〇分、休憩以外はツイッターを見ない、等）を宣言したという状況下だと、やはりいつもより捗ったらしい。気を使わなくていい人としてレンタルされることもあれば、気を使う人としてレンタルされることもあり不思議だ。

下北沢の「ろくでもない夜」というライブハウスでわんこそば食べさせられてま

す。すでにギブアップしてなんもしてない。

「話を聞いてほしい」という依頼でパワポ資料による愚痴のプレゼンを受けた。が、出だしから「レンタルなにもしない人」になっている。「そいつ全部ひとまかせで自分ではなんもしないんですよ！　ありえなくないですか!?」などと聞かれ、苦笑いしたりした。

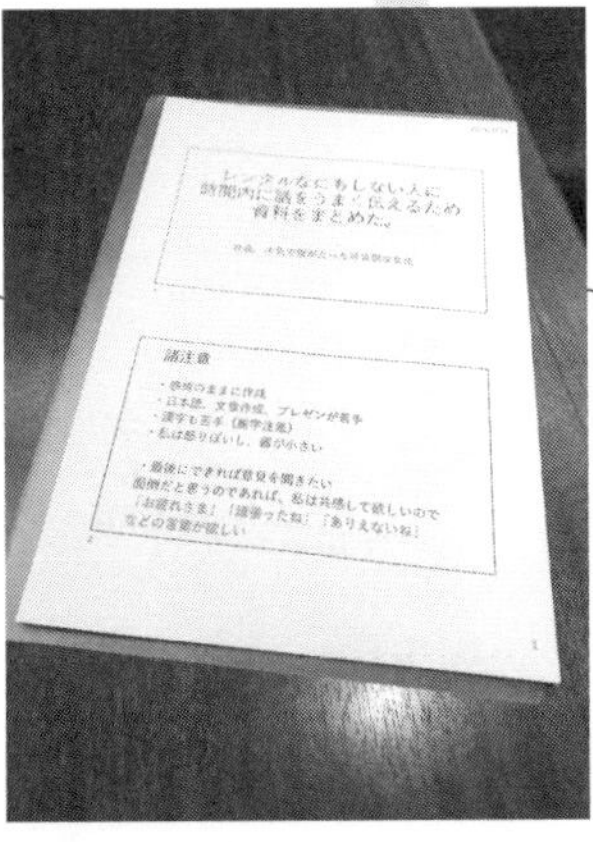

【1月15日】＃故郷、お見舞い2

幼少期、父親の転勤にしたがい、あちこちに転居しながら育ちました。東京の住まいは、五歳から九歳までを過ごした思い出の土地でありながら、住居は既に取り壊され面影がないとのこと。今更一人で訪ねるのも勇気がなく、かといって、事情を知らない友人を巻き込むのもはばかられる中、それでも誰か一人ついていてくだされば、大変心強く感じます。

「幼少期の住居の跡地周辺を一緒に散策してほしい」という依頼。「ここは優しいほうの歯医者さん」「七五三のヘアセットがクソ長かった美容院、まだあるんだ」「初めておつかいに行ったときここで母の尾行に気付いた」等の主観的なガイドが楽しかったが、旧居の跡地に着くと面影の無さに言葉を失ってた。
同行中、依頼者は何度か「やっぱ友達に頼まなくてよかった……」とつぶやいていた。自分でもどういう感情かうまく言語化できないようで、友達もどう反応していいか困るだろうなと思われた。「なんもしない」と表明してる人の同行なら、無反応がデフォルトなので気をつかうことなく大丈夫だったそうです。

㋹

こないだ依頼終わったあと依頼者が「楽しかったです。私、楽しくても全然楽しそうに見えないみたいで、よく心配されるんですけど、めちゃくちゃ楽しかったです」と言ってた。僕も飲み会とかで普通に楽しんでるときに「全然しゃべってないけど楽しんでる？」とか言われるほうなのでシンパシーを覚えた。

㋹

今日リピートでまたお見舞いに行ってきた。前回の反響が大きく、依頼者のアカウントにもたくさんのＤＭが届いたとのこと。励ましの内容から「Ｋ大病院ってどうですか？」「大部屋あいてますか」といった問い合わせまでいろいろ来たらしい。本人すらまだ見てない入院費の請求書をなぜか見せてくれた（お手頃だった）。
反響の大きさもあってか激しい躁転がきたらしく、夜は一睡もできず翌日もフラフラで、主治医からSNSを禁止されたらしい。「知らない人と会うのもダメ」と言われたそうだが僕は一回会ってるしOKらしい。躁転中、入院前に住んでた部屋を勢いで解約、次の物件の契約まで済ましたそうで、躁って凄いなと思った。
ここには軽々しく書けないような、人生における大きな決断もしたらしく、主治医の先生が「あんななんもない空間でよくぞこれだけ暴れてくれたね」と呆れ切ってたという話が面白かった。閉鎖病棟でもインターネットさえあれば大暴れできるのを知った。

【1月16日】 #文章の墓場
理性ちゃん（一〇月三日に登場）のファン、ひそかに多い。

㋹

なんもしない人、文章の墓場としての利用シーン。こういう依頼がくるようになったおかげで、長文をスクリーンショットする技術を習得できました（詳しくは一月一六日のツイートを直にご覧ください）。

なんもしない人を自称していると漫画読んだだけで褒められる。

【1月20日】 #ガリガリ君

インフルエンザ罹患中にて返信遅くなります。

インフルエンザ中にできることといったら、インフルエンザ中にフォローを外していった人たちのアカウント名をメモることくらいしかないな……。

大晦日にインフルと診断され、もう三日ほど自室の天井を見て過ごしています。天井を見つめすぎて、柄のなかにガリガリ君を見つけてしまってから、もうガリガリ君にしか見えず、誰かに話したいのですが――

年始にもらったこの依頼が今になって身にしみてきた。

熱下がってるのにまだしんどいときって「もう治す気ないんかな……」って心配になります。

【1月21日】　#これは仮病ではない

若干の悪寒があるものの平熱なのですが、あまりの出社したくなさに念のため受診するという建前で本日休んでしまおうと思います。職場への電話に勇気が出ないので、私が電話しましたと送ったら「万が一インフルエンザで周りにうつしたら大変だもんね。いい判断だと思うよ！」と返事していただけないでしょうか。

今朝は知らない人の仮病をサポートしました。

――「これは仮病ではない」という指摘があり、たしかに自分もちょっとそんな気がしてたんですが、もし真の仮病であったとしても同様に引き受けてたと思います。大学の代返は引き受けないけど、会社を仮病で休むのは引き受けるという曖昧な線引きがある。

㋹

推し（レンタルなんもしない人）がインフルエンザに罹っていてとてもつらいので、どうしてもお金を払わせていただきたいという依頼。すでに快方に向かってて、ちゃんぽんとか食べたりしてるけど、どうしてもということなので受け取った（アマギフで五〇〇〇円）。当たり前ですがこういうの歓迎です。

【1月22日】 #わかんない！

大好きなワインバーで働いているのですが、個人的な事情で余裕をもって勤務できなくなってきたため、休みをもらうために手紙を渡そうと思っています。

地元という狭いコミュニティのなかにあるお店だし、なによりお店自体は大好きでかけがえない場所のため、休みをもらうことであまり波をたたせないようにしたいという処置なのですが、それでもやはり手紙をわたすことを考えると非常に緊張されます。

レンタルさんにちゃんと帰り際に手紙をわたせるか見届けてほしい、そしてお店を出て駅についたらハイタッチしてほしい。


こういう依頼でバーへ同行。何となく〝いい話〟的なのを想像して適当に座ってたら突然店長から「出てってくんない？　お金いいんで。コソコソやられるの気分悪い」と二人とも追い出された。どうも店長ともなんかいろいろあったらしい。手紙は渡せたのでハイタッチはしたが「こんなことあるんだ……」と震えた。

依頼者と席は隣どうしで、依頼者の話を僕が聞いていました。あと入店時、依頼者が店長に「この人はレンタルなんもしない人さん」って紹介して「あ？　なに？　わかんない！」ってイラつかれるくだりもありました。

「大学の課題を進めたいが一人だと怠けて友達とだと喋ってしまうのでなんもしない人に横にいてほしい」という依頼。よくある利用の仕方だけど、僕がなんもしないためのグッズが毎回バリエーションに富んでてそれが楽しい。今回は『堕落論』『幸福論』『存在の耐えられない軽さ』『ボクたちはみんな大人になれなかった』『性別モナリザの君へ。』等のラインナップだった。

【1月23日】　#脳内レンタル

わたしには、二〇歳になる前に誰かに話して片づけておきたかった大きな悩みがありました。話を聞いてもらう方として一番にレンタルさんが思い浮かんだのですが、どうしてもレンタルをして直接お話する勇気がでなかったので、誠に勝手ながら脳内でレンタルさせていただきました。

いままで誰にも話せなかった悩みを、誰かに話している設定でぽつぽつと口に出して言ってみたら案外きちんと整理ができて、スッキリしました。

自分の中ではかなり大きな問題だったので、呪縛から解放させてくださったレンタルさんにはきちんとお礼がしたく、ＤＭを送らせていただきました。

依頼メッセージを開けたらすでに依頼が完了してたうえに報酬まで送られていた最高の案件。

——お礼にもらったチケット、番号をツイッターに載せたらもう誰かに使われてしまった。いつまでたっても使われなくて「平和な世界」ってつぶやきたかったんですがね……。

——お見舞いのスタバチケットがいっぱい届いた！

——『臨死!!江古田ちゃん』の漫画家、瀧波ユカリ先生からもお見舞いが届いた。スタバチケットもらいすぎてる感を察してかアマギフをくれた。ありがたい。

この件についての一連のツイート拝見しました。想像していなかった流れに驚きつつも最終的に素敵なオチを見ることができたので救われました。私からも改めてギフトを送らせてください！

——最初にくれた人からなぜかもう一枚届いた。

——「失敗のプロ」というハンドルネームの人からもスタバギフト券のＵＲＬが送られてきたけど、やはり失敗してた。

——スタバチケットこんないっぱいあるのにドトール来た。

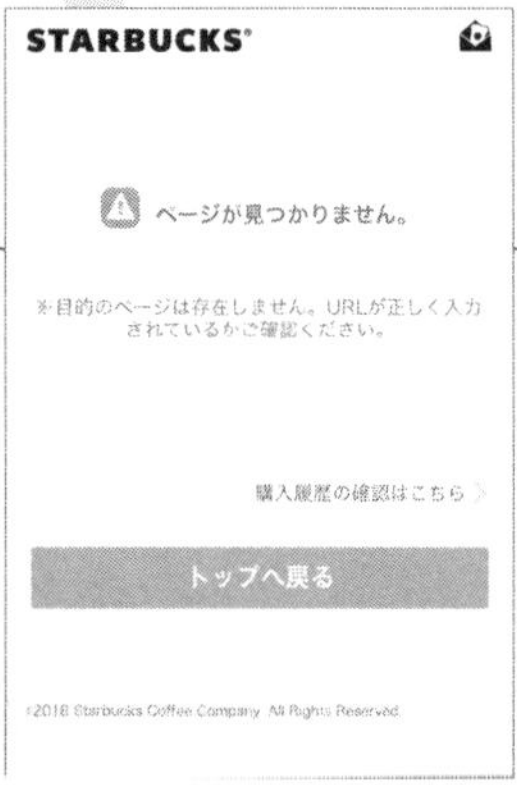

Q「チケット使った人にはバチが当たりますね。その人は何にもしてないのに」

A　僕もなんもしてないんで……

病み上がりですが二〇時から「あかね」にいます。早稲田大学文学部の向かいです。

今日締め切りの二〇〇〇字のレポートをまだ一文字も書いてない学生さんが来た。残り三時間切ってるのに横でまだ下調べしてる（後日談：レポートは無事提出できたようです）。

――今まででいちばん近いところからの問い合わせがあった。

Ⓛ

今日「夜の予定までの時間潰しに付き合ってほしい」という依頼で喫茶店で時間潰してたとき、依頼者が用意してきた話のネタが早々に尽き、「もう七時に時間指定した荷物が六時半に届いたみたいな話しかない……」「もう弟の話しかない……」と地味な話や身内の話を無理やり掘り起こして話してたの面白かった。

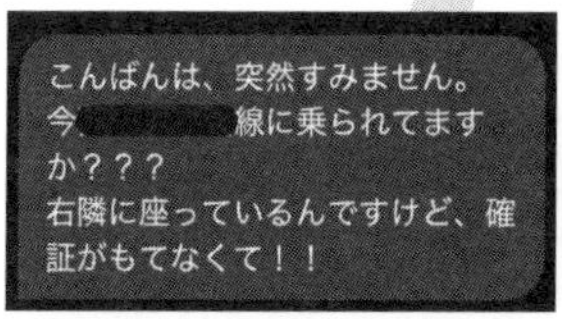
こんばんは、突然すみません。
今[redacted]線に乗られてますか？？？
右隣に座っているんですけど、確証がもてなくて！！

【1月25日】 #今回は事故です

こないだ銀座の高級なカフェで依頼者から「何歳にみえますか」と聞かれ、二二歳って答えたら一六歳だった。一六歳の女子から三五歳の妻子持ちが高級ミルフィーユをごちそうされてて、ナニ活だよと思った。「高級な店で高級なサービスを受けるのが好きだが、親とばかり行くのは嫌。高いから友達も誘いにくい」らしい。事前に年齢が判明していたらお断りしています。今回は事故です。

【1月26日】 #何もせずに役に立つ

わたしはさ行、た行、ら行が苦手で滑舌が悪いです。滑らかに喋れるよう練習していましたが上達しなかったのでヤケクソで「レンタルなんにもしない人」とくり返し言っていたらなんだか滑舌がよくなった？　と言われました。ありがとうございました。

また何もせず役に立ってしまった。

【1月27日】 #先にお金を払う

「誕生日にホールケーキを一緒に食べてほしい」という依頼をくれた人、少し前に

Amazonギフト券を送ってもきていた。「ずっと依頼に踏み切れずにいたけど先にお金を払うことでチケットを買ったような気持ちになりすんなり依頼できた」とのこと。お金を払うこと自体がチケットになるって面白いなと思った。

【1月28日】　#いま何時ですか？

夜行バスで朝に東京着くんですが、友人と昼過ぎに会う予定してるんですが、それまでの間国立科学博物館に行きたくて、一人で見るの好きなんですがこんなに広いところで一人で見るのも悲しくて、私のペースで見るのでただただ隣で一緒に回って欲しいんです。

こういう依頼で国立科学博物館に同行した。博物館の同行は一見地味だが、刃物の刺さった人骨の展示をみて「友達が浮気して彼女に刺されたんです」と話し始めたり、蟹の展示では「私かに道楽で働いてるんです」時計の展示では「私、針の時計よめないんですよ……」と多様な話が引き出されて面白かった。

「針の時計よめない」は嘘でしょと思い近くの時計（九時二八分）を指して何時か尋ねたところ「九か一〇ですよね……？　あれいつもどっちか迷うんです」と言ってて笑った。バイト先のかに道楽でも先輩に「いま何時ですか？」って聞いて頑張ってるらしい。

生け花の学校に通ってるとのことで、なぜか将来有望に感じた。

Ⓛ

「裁判の傍聴に来てほしい」との依頼。原告は依頼者、被告は東大。修士課程修了間際に教授から「進学しないでくれ」と言われ、博士への進学に対する妨害を受けた、いわゆるアカデミックハラスメントを訴えたもの。苦手な相手と対面する上で傍聴席に一人でも事情を知ってる人が居てくれると心強いらしい。

Ⓛ

「離婚する妻が出て行った翌日、記念にそばを食べるのに同席してほしい」との依頼。場所は国分寺駅付近の富士そば。先日の「離婚届提出同行」の依頼を見て、自分も人生の重い節目をポジティブに活かしたく思ったとのこと。富士そばは経営方針が優しくて、こういう日には来たくなるらしい。完食後、静かに「安定の……」とつぶやいていた。

Ⓛ

日本テレビの「スッキリ」でレンタルなんもしない人が取り上げられる予定です。今月いくつかの依頼でカメラを同行させてもらってました。一月三一日の九時半頃〜のコーナーが濃厚だそうですが、生放送なので不確定です。僕はテレビ持ってないので誰か録画してくれることを祈ります。うちにもカメラが入りました。

【1月29日】 #レンタル彼氏

「片付け見守り」の依頼。無事片付いて、すき焼きをふるまわれてる。お肉は実家から送られてきたというめちゃくちゃ良さそうな霜降り肉（常陸牛）。しかもよそっていただいている。なんもしない人への理解がある。帰りにカエルのぬいぐるみをもらいました。

㋹

今日は「レンタル彼氏」というサービスをやってる人と同席したんですが、プロフェッショナルなサービスをやられてました。「自分たちがやっているのはデートを通じたカウンセリングなんです」みたいなことを言ってた。二時間で二万円らしい。ツイッターで繋がりましょうと言われたけど遠慮した。

【1月30日】 #ラテアート

「生理用品をナプキンからタンポンに変えたときの感動を伝えさせてほしい」という依

頼。ツイッターやインスタでは男性の知人が多くて言いづらいとのこと。「思いの丈」という言葉の通り、めちゃくちゃな長文が届いた。指定された文言を返したらラーメンを奢られた（DMの文言を読みたい方は一月三〇日のツイートを参照ください）。

二〇一九年一月三〇日一五時五九分、そのラーメンを誰かに食べられた。

――送ったギフトを知らぬ誰かに使われてみたいという意味わからない需要が生まれた。当然、さっそく知らぬ誰かに使われた。

――使いたい人も必死で、下着にコートで走った人もいて意外と白熱してたもよう。間に合わなかったものの普通にアイス買って「元気をありがとう」と言ってる。

「引越しの見送り」がラテアートになった。㋹

スッキリ前夜駆け込み需要でDMが大量にくる。㋹

【1月31日】＃スッキリ

スッキリの裏、国会にいる。
DMたくさん来てるのでしばらく失礼な対応になります。

10 2月（おまけ）

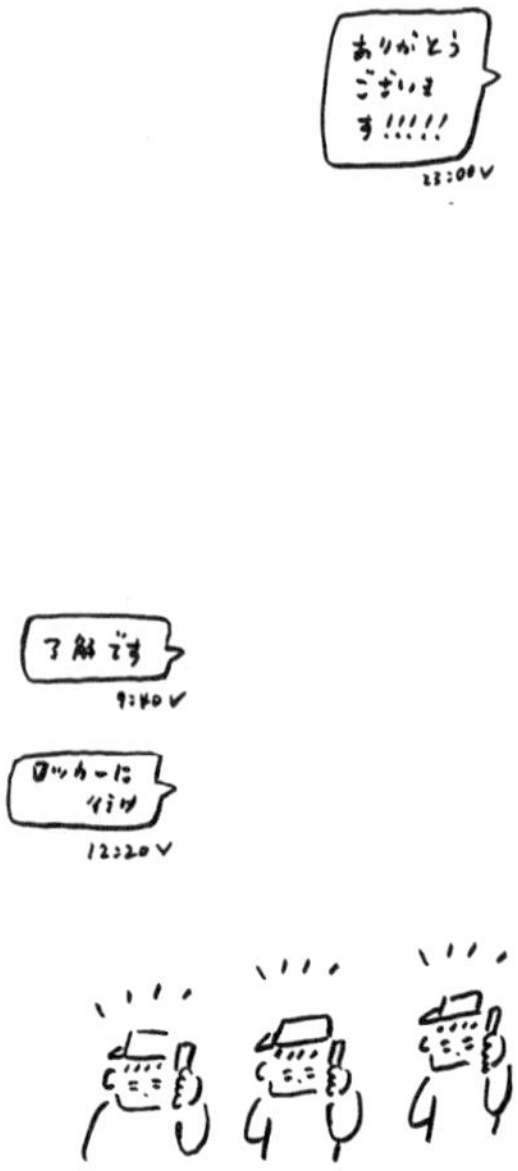

【2月1日】 #犬の気分

「あ〜辞めちゃっていいと思うよ。まだ若いし辞めるなら早いうちだよ。これも経験」

「集合写真でもお前だけデブが目立ってるんだよ小麦粉類食べすぎたら試験落ちるぞ豚」

「ちゃんと出してたよ。大丈夫だよ」

「ありさちゃん毎日お線香焚いて、いつも俺と話してくれてありがとう。ちゃんと届いてます」


指定された文言を返信するだけの依頼が続く。指定された言葉を返してるだけなのに喜んでもらえる。犬は「お手」をするときこんな気分なんだろうなと思う。

先のツイートをしてから同様の依頼が大量に来てるので、当面は「指定された文章を返信するだけの依頼」についてのみの料金設定で、「僕が返信する文章（=依頼者が指定した文章）について、一文字あたり一〇〇円頂戴する」ということでギャランティを設定させていただきます。このツイート以前に届いたDMは大丈夫です。

――義理の父がスッキリを見て「金にならんのが問題やなぁ」とつぶやいてたらしいので、早く安心させたいです。

――さっそく六〇文字で六〇〇〇円の仕事が発生した。お義父さんの安心への一歩を踏み出せた。

――かなり限定的な有料化なのに、その限定については省略されて「レンタルなんもしない人が有料化した」という情報として伝播していくあたり、インターネットの難易度の高さを感じる。

㋹

「一緒に国会傍聴してほしい」との依頼で参議院へ同行。〝蓮舫〟などの文字が書いてある座席表にキャッキャしたあと傍聴席へ。安倍首相や今井絵理子議員やアントニオ猪木議員を肉眼で見れて楽しかった。質問も答弁も原稿読み上げるだけなので真剣に聞いてる人は少なく、みんな僕以上になんもしてなかった。

【2月2日】　#ぬいぐるみ

「公園でぬいぐるみを真剣に撮影したいけど一人だと恥ずかしいから見守ってほしい」という依頼。なぜこのぬいぐるみを真剣に撮っているのか詳しくは聞いてないが、とにかく真剣で見入ってしまった。仕方なく一人で撮ることもあるらしく、やはり通りかかる人たちからは変な目で見られるとのこと。

この日、僕はいろいろあってめちゃくちゃ落ち込んでて、いつも以上にうわの空で生気が無かったんですが、そんな精神状態でも職務をまっとうできて、いい仕事に恵まれたなと思った。

㋹

経営してるスイーツ店のケーキを目の前でガンガン食べてほしいとの依頼。持ち帰り中心で、身内以外の人が食べてる様子を見る機会が少ないらしい。ルタバガという野菜のタルトなど珍しいメニューが豊富でどれもおいしかった。「そんな甘いものばっか食べたら自分なら気持ち悪くなる」と店主に心配された。

【2月3日】　#ギフト券は盗まれるべき

K大病院の閉鎖病棟へのお見舞いの依頼、テレビ（「スッキリ」）の人が取材しようと病院に撮影許可をお願いしたけどやはり許可がおりなかった。依頼者の方は乗り気になってくれてただけに残念だったけど、「自分、テレビの入れない場所に入れてるんだな」と思うとなんか興奮した。

今日の依頼者、レンタルなんもしない人を知ったきっかけは、僕が先日トチってスタバギフト券を誰かに勝手に使われた件らしい。あのときはいろんな人から「ネットリテラシー低すぎ」などと叱られたけど、こうやって新たに知られるきっかけになったし、ギフト券は盗まれるべきなんじゃないかと思ってしまう。

ⓛ

【2月4日】 #お仕事中ですか？

「テレビ出て依頼増えましたよね？」とよく聞かれるけど「スッキリ見ました〜」など依頼でも問い合わせでもないDMが一瞬たくさんきただけで依頼は増えてないです。ハードル上がった印象あるかもしれないけど「話をきいて」等の地味な依頼も引き続き歓迎です。

——レンタルなんもしない人を〝推し〟だと言ってた依頼者がスッキリを見て「レンタル一家箱推し」になった。

——持ち込み可のカフェに同行中、依頼者が持ち込んだケーキを開封したところフォークがないことが判明し、依頼者がコンビニまで走ってる間に同じ店にいた別のお客さんに「あの、テレビで見ましたが、お仕事中ですか？」と声をかけられた。

わたしには子どもが三人いるのですが、全員分の生まれてからのお年玉をポチ袋のまま預かっています。子どもたちが使いたい時に渡したりしていますが、計画的に使うんだよと話しても合計金額すら把握できていないので、何の説得力もありません。
やはり貯金口座に入れて管理したほうが分かりやすいなと思っています。が、三人分も口座を作るのがめんどくさすぎて、そのままにしてしまっています。

「子供たちのお年玉を管理するための口座の開設に同行してほしい」という依頼。三人分もありめんどくさすぎて一人だと腰が重いとのこと。三人分の手続きは本当にめんどくさそうで、申込書の束を渡されたところで「一人ならここで帰ってます」とこぼしてた。無事通帳×3を手にしたが、入金はまた今度になった。

【2月5日】 #実は、三軒でした

ここ半年くらい「依頼内容によります」って一〇〇〇回くらい書いてるな。用件を言わずに都合だけ先に聞かれるとたいてい二度手間になります。

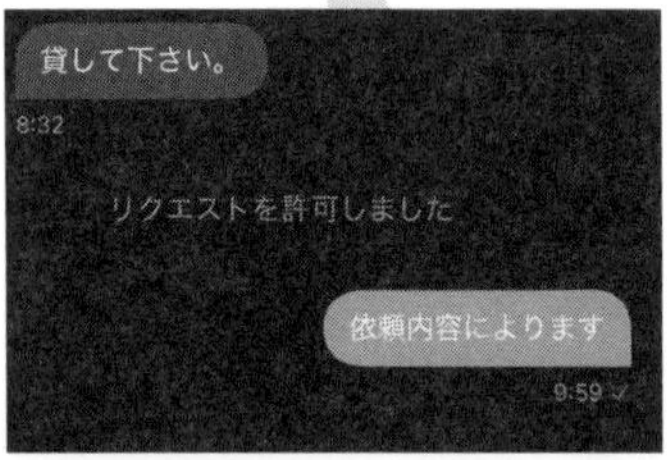

依頼者こない。最近、依頼者こないが相次いでいる。㋹

——依頼者こず時間が空いたので別の依頼を引き受けたが、指定されたカフェに行くと定休日だった。とはいえ今回は依頼者がちゃんと現れて交通費と差し入れをくれました（うっかりしてただけだった）。ずっと引きこもりがちで、外に出るのが主な目的だったそうなので、結果的には職務をまっとうできた形です。

「滞納中の借金について二軒の法律事務所からの連絡を無視してしまってる。折り返し電話したいが一人だと心細いので同席してほしい」との依頼。日程あわず受けられなかったが、後日一人で連絡できたと報告があった。依頼したことで勢いがついたらしい。「滞納先、実は三軒でした」のカミングアウトもあった。㋹

【2月6日】 #犬を埋める

一月に長年連れ添った犬を亡くしました。老衰です。葬らなければいけませんが、寒いお陰でそのままの姿なので離れがたく、毎日隣に置いて寝ています。しかしそろそろ暖かくなってきました。

庭に穴だけ掘りました。敷き詰める白い花を買いました。

立春を機に、埋めてやろうと思います。

孤独が上手な犬でした。私との相棒関係だけで、告げる相手もなく特に儀式もありません。心ひとつで手放す決心がなかなかつかず、送るときはひとりで送りたい——

依頼文を書いただけで内面的な変化が起こり自己解決してしまうタイプの依頼、最近はそれほど珍しいものではなく、この依頼も結局一人で犬を埋めることができたとのこと。なんもしない人冥利に尽きる。

【2月7日】 #福山さんの誕生日

「福山雅治さんの誕生日を一緒に祝ってほしい」との依頼。二月六日は依頼者の結婚記念日でもあり二重に特別な日だった。ただ入籍の六日後に旦那さんが突然他界し、結婚期間は五日間とのこと。「交際中は福山雅治さんの『家族になろうよ』を聴かせまくることで洗脳して結婚に至った」という話が印象的だった。

途中、依頼者が突然「簡単な受け答えをお願いします」と言って「レンタルなんもしない人さんアンケート」というものを渡してきた。タイトルに反し、内容はやはり福山が中心だった。文面もレイアウトも妙にリアルだったせいか「②は複数選択しても大丈夫ですか？」などいちいち真面目に確認してしまった。

【2月8日】 #宝物

携帯充電（充電口にほこりが詰まっていた……）できるようになったし、くるDMの量もだいぶ落ち着いてきたので、指定された文言を返信する依頼についての「一文字いくら」の料金設定はいったん取り下げます。これまで通りとくに遠慮なく依頼してもらって大丈夫です。「そんな、俺は金払ったぞ、どうしてくれるんだ」という方いたらすみません。

㋹

今日はボウリング大会の応援に来ています。〝ナースボウラー〟の佐藤修斗選手の後ろに立ち、彼がストライクをとったら拍手するよう言われてます。

㋹

ネットに公開できない私の宝物を見てほしいという依頼。ある著名人にファンレターを送ったら返事が来たとのこと。公にするとその人にファンレターが殺到するので言わないマナーになってるが、誰かに自慢したい気持ちは抑えられないらしい。詳細を書け

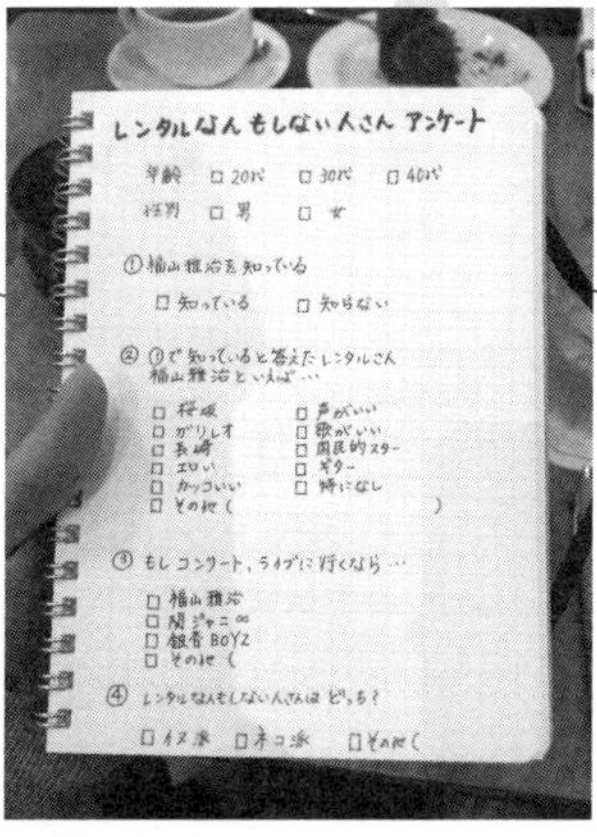

ないのがもどかしいが「宝物」は大げさではなかった。

Ⓛ

依頼を受けるときはちゃんと依頼文読むけど、当日をむかえるまでの間に細かい部分は忘れてしまい直前に読み返したりもしないので、集合場所で出会うときは「今日はなんでしたっけ」という気持ちです。

つづく

あとがき

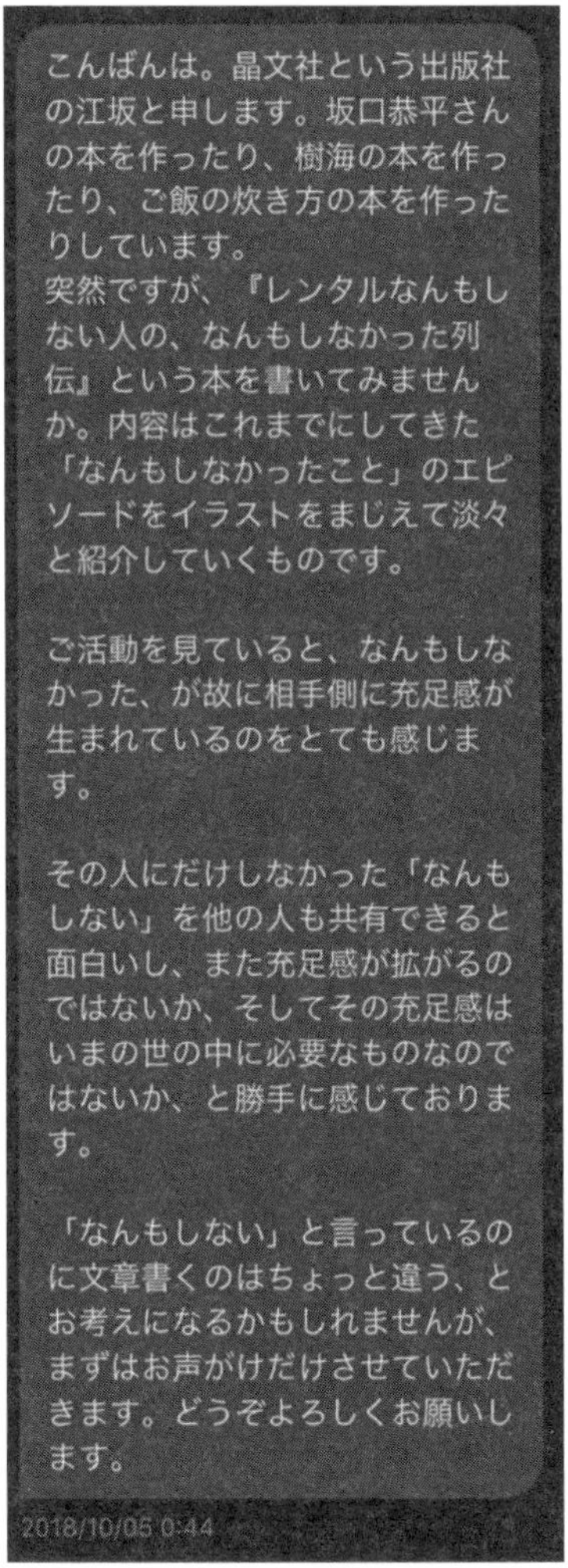
こんばんは。晶文社という出版社の江坂と申します。坂口恭平さんの本を作ったり、樹海の本を作ったり、ご飯の炊き方の本を作ったりしています。
突然ですが、『レンタルなんもしない人の、なんもしなかった列伝』という本を書いてみませんか。内容はこれまでにしてきた「なんもしなかったこと」のエピソードをイラストをまじえて淡々と紹介していくものです。

ご活動を見ていると、なんもしなかった、が故に相手側に充足感が生まれているのをとても感じます。

その人にだけしなかった「なんもしない」を他の人も共有できると面白いし、また充足感が拡がるのではないか、そしてその充足感はいまの世の中に必要なものなのではないか、と勝手に感じております。

「なんもしない」と言っているのに文章書くのはちょっと違う、とお考えになるかもしれませんが、まずはお声がけだけさせていただきます。どうぞよろしくお願いします。
2018/10/05 0:44

「本を書いてみませんか」という依頼。
依頼者の江坂さんは晶文社で編集者をしているとのこと。これまでに坂口恭平さんの本や、樹海の本、ご飯の炊き方の本に携わってきたという謎の経歴をアピールされた。本を書くというのは「なんかしてる」感じがしたものの、過去の依頼を読み返したいときにツイッターだと何かと不便だし、何かよからぬことでアカウントが消滅したらどうしようという不安も常に抱えていたため、なんらかの形で本ができたらそれに越したことはないなと思い、次のような返事をした。

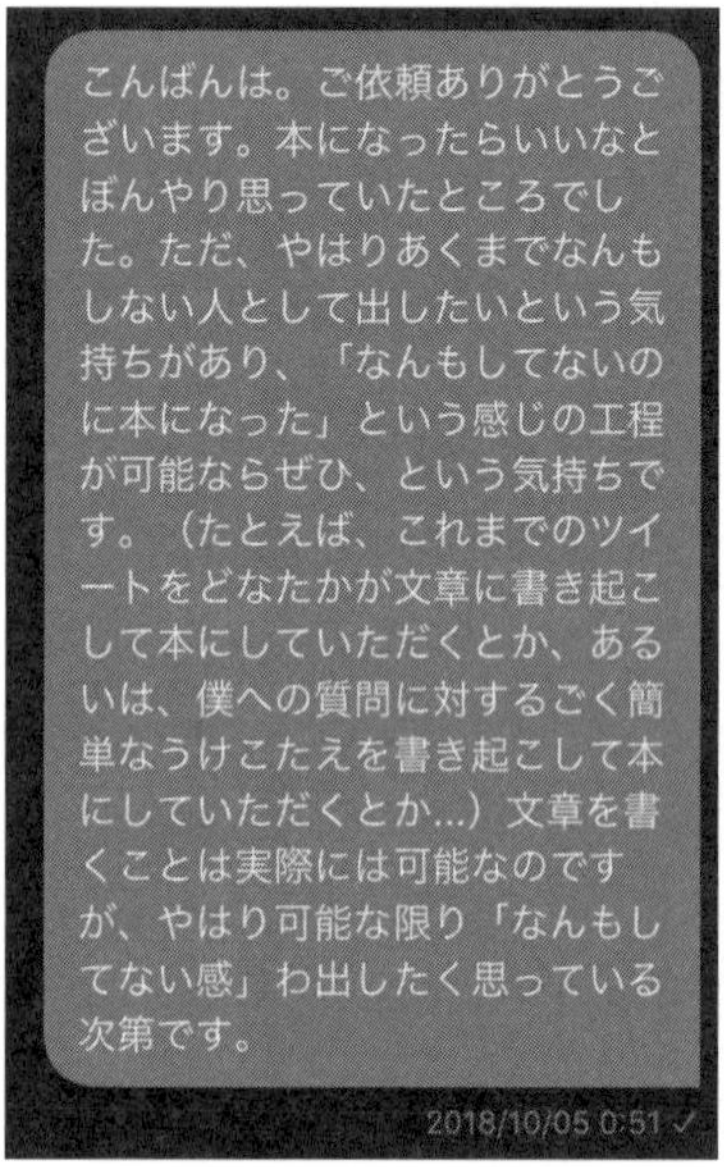
こんばんは。ご依頼ありがとうございます。本になったらいいなとぼんやり思っていたところでした。ただ、やはりあくまでなんもしない人として出したいという気持ちがあり、「なんもしてないのに本になった」という感じの工程が可能ならぜひ、という気持ちです。（たとえば、これまでのツイートをどなたかが文章に書き起こして本にしていただくとか、あるいは、僕への質問に対するごく簡単なうけこたえを書き起こして本にしていただくとか…）文章を書くことは実際には可能なのですが、やはり可能な限り「なんもしてない感」わ出したく思っている次第です。
2018/10/05 0:51

ここでは「文章を書くことは実際には可能なのですが」などと強がって書いたけど、

本心としては、本一冊分の質と量をもつ文章なんて書いたことがないし、可能とは思えなかった。なので僕がほとんどなんもしないでいられるような、つまり普段のレンタル依頼の延長のような感じ本ができるということじゃないと無理だと思い、そういう希望を出したところ、次のような返事がきた。

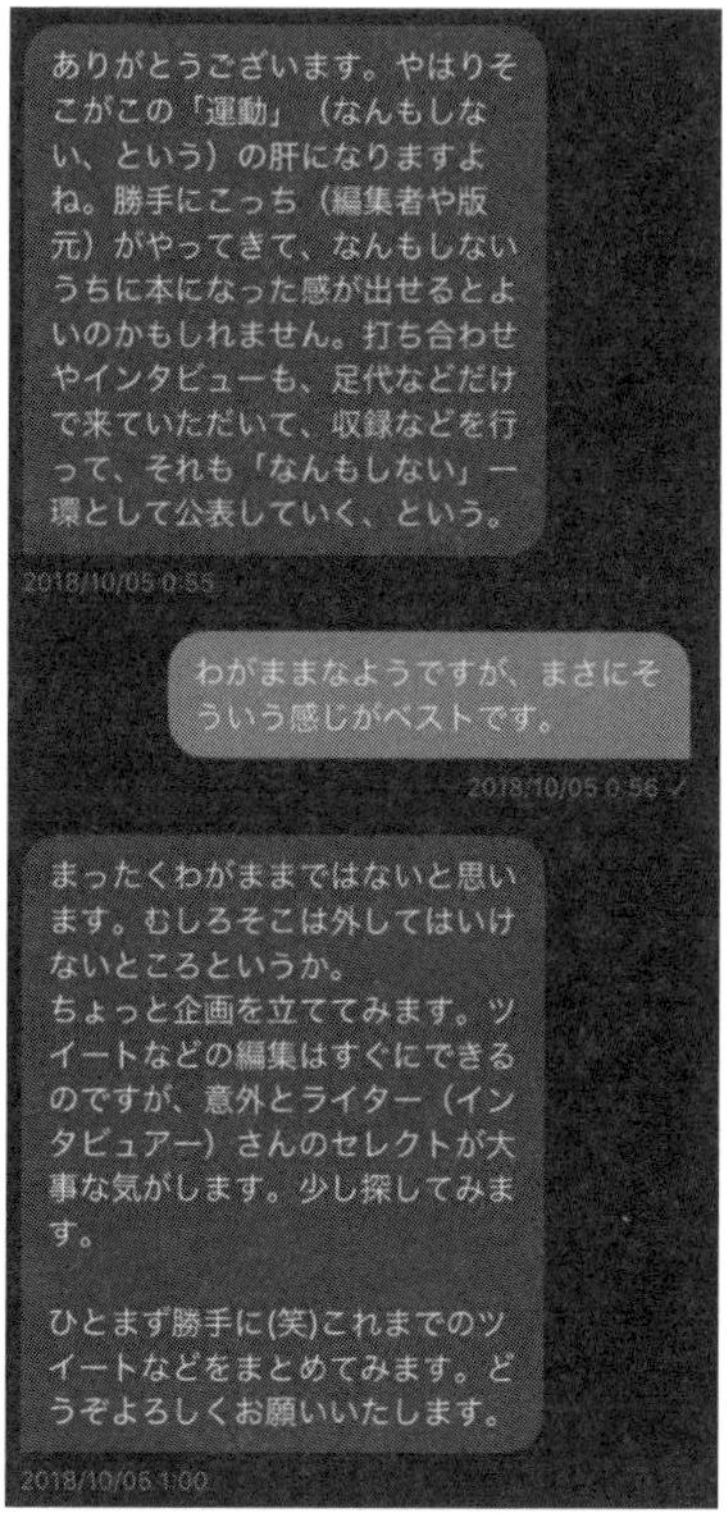
ありがとうございます。やはりそこがこの「運動」（なんもしない、という）の肝になりますよね。勝手にこっち（編集者や版元）がやってきて、なんもしないうちに本になった感が出せるとよいのかもしれません。打ち合わせやインタビューも、足代などだけで来ていただいて、収録などを行って、それも「なんもしない」一環として公表していく、という。

2018/10/05 0:55
わがままなようですが、まさにそういう感じがベストです。

2018/10/05 0:56
まったくわがままではないと思います。むしろそこは外してはいけないところというか。

ちょっと企画を立ててみます。ツイートなどの編集はすぐにできるのですが、意外とライター（インタビュアー）さんのセレクトが大事な気がします。少し探してみます。

ひとまず勝手に(笑)これまでのツイートなどをまとめてみます。どうぞよろしくお願いいたします。

2018/10/05 1:00

「そこは外してはいけないところ」という力強い言葉から、なんもしない人への理解を感じ、本格的に引き受けるに至った。なお、ライターさんを立てることもなく、文章の書き起こしはすべて江坂さんがおこなった。それなのに印税まるまる僕に振り込んでくれるとのことで、江坂さんに幸あれと思わざるをえない。

本の内容としては、僕のツイートをさかのぼれば読めるものばかりで、すでにこのレンタル活動を知っていた方からすると目新しさがなく、物足りない気持ちにもなるかもしれない。その部分は正直かなり心配している。でも、本の内容にあえて手を加えないことで、本の「内容以外の部分」がいかに大事かというのを個人的には強めに感じられたように思う。

それはたとえば本の構成やカバーデザイン、イラスト、もっと細かい部分では文章の割り付け方や、文字の大きさに至るまで、これまでのレンタル活動をより親しみやすく伝えるための工夫がめちゃくちゃたくさんほどこされている。それらの工夫は、当たり前だが、プロの「なんかする人」たちの手によるものだ。僕が「なんもしない」を徹底して表明することで、なんかする人たちがすごくなんかしてくれた。仕事なので「してくれた」は違和感あるかもしれないけど。

㋹

たまに誤解をされるが、僕は自分の「なんもしない」を広く布教したいとかは一切思ってない。事実として、この本はちゃんとなんかする人たちの手がないとできあがらなかった。なんもしない人が生きていけるとしたら、なんかする人のおかげだ。

けれど、さらにややこしいことを言うと、広い意味での「なんもしない」はぜひたくさんの人におすすめしたい。この本に掲載されているように僕が毎日ツイッターをするのは、人からみると「なんかしてる」ように見えるかもしれないが、自分としてはなんもしてない。この文章を書くことについても同様だ。生きているだけで勝手に入ってくる情報やふと湧いてきた感情をただ外に吐き出すだけという感覚で、呼吸運動に近いと言ってもいい。呼吸するのと同じようなテンションでできることなら、たぶん一生できる。ストレスも感じない。おすすめです。

レンタルなんもしない人

レンタルなんもしない人

1983年生まれ。既婚、一男あり。理系大学院卒業後、数学の教材執筆や編集などの仕事をしつつ、コピーライターを目指すも方向性の違いに気づき、いずれからも撤退。「働くことが向いていない」と判明した現在は「レンタルなんもしない人」のサービスに専従。

レンタルなんもしない人《ひと》のなんもしなかった話《はなし》

2019年4月20日　初版
2020年4月1日　5刷

著　者　レンタルなんもしない人
発行者　株式会社晶文社
東京都千代田区神田神保町1-11 〒101-0051
電話　03-3518-4940（代表）・4942（編集）
URL　http://www.shobunsha.co.jp

印刷・製本　中央精版印刷株式会社

©Rental Nanmoshinaihito 2019
ISBN978-4-7949-7083-1　Printed in Japan

JCOPY 〈（社）出版者著作権管理機構 委託出版物〉本書の無断複写は著作権法上での例外を除き禁じられています。複写される場合は、そのつど事前に、（社）出版者著作権管理機構（TEL:03-3513-6969 FAX:03-3513-6979 e-mail:info@jcopy.or.jp）の許諾を得てください。
〈検印廃止〉落丁・乱丁本はお取替えいたします。

好評発売中！

7袋のポテトチップス　湯澤規子

「あなたに私の「食」の履歴を話したい」。戦前・戦中・戦後を通して語り継がれた食と生活から見えてくる激動の時代とは。歴史学・地理学・社会学・文化人類学を横断しつつ、問いかける「胃袋の現代」論。飽食・孤食・崩食を越えて「逢食」にいたる道すじを描く。

書くための勇気　川崎昌平

小論文、レポート、論述問題から、企画書、書籍やラノベの執筆まで、あらゆる文章作成の芯に効く！　編集者／作家／漫画家として「相手に伝わる言葉」を模索し続ける著者が長年の蓄積から、本当に必要な86のテクニックを厳選し、一挙公開。

「地図感覚」から都市を読み解く　今和泉隆行

方向音痴でないあの人は、地図から何を読み取っているのか。タモリ倶楽部、アウト×デラックス等でもおなじみ、実在しない架空の都市の地図（空想地図）を描き続ける鬼才「地理人」が、誰もが地図を感覚的に把握できるようになる技術をわかりやすく丁寧に紹介。

cook　坂口恭平

やってみよう、やってみよう。やれば何か変わる。かわいい料理本のはじまりはじまり。色とりどりの料理と日々の思索を綴った写真付き料理日記「cook 1、2」と料理の起源へと立ち戻るエッセイ「料理とは何か」を収録する、（記憶で料理をつくる）新世紀の料理書。

ご飯の炊き方を変えると人生が変わる　真崎庸

蓋をせずに強火で炊く。途中で蓋をする。最後に火を弱める。やることはこれだけ！　11分で味わえる劇的においしいご飯とは。知る人ぞ知る和食店の店主が徹底的にご飯の炊き方を伝授。簡単で手早く料亭レベルの出汁をひく方法から、おかずのレシピまで紹介。

薬草のちから　新田理恵

むくみが取れる。肌がつやつや。お腹を整える。男性も女性も元気になる！　四季折々さまざまに変化する気候に合わせて、海辺から山里までその場所ごとに根付いた薬草。古来、医食同源として暮らしと健康を支えた植物たちの「ちから」を、レシピと合わせて紹介。

古来種野菜を食べてください。　高橋一也

800年間一度も絶やされることなく連綿と受け継がれてきた「命」。それが古来種野菜。その魅力を余すところなく伝えるとともに、流通する市場の問題、F1品種、新規就農など、野菜を取り巻く環境について、「八百屋」だからこそ見えてくる視点から熱く語る。

樹海考　村田らむ

人はなぜ「樹海」に惹かれ、畏怖を抱くのか。青木ヶ原樹海は自殺の名所としてホラー・怪談好きには超有名スポットで、ハリウッド映画の題材となり、また動画拡散事件による騒動も起きた。「死」と繋がる禍々しい印象が独り歩きする領域に潜む、現実の樹海とは。